Heidi Grund-Thorpe

Neue Topflappen

Heiße Töpfe fest im Griff

Weltbild

Inhalt

Gehäkelte Topflappen

Genäht, gebastelt und gestrickt

Vorwort

Selbst gemachte Topflappen gelten längst nicht mehr als altbacken, im Gegenteil: Sie sind derzeit der absolute Hit in modernen Küchen. Kein Wunder, denn liebevolle Details sind es, die einer Einrichtung Herz verleihen, und bei kaum einem anderen Küchenaccessoire können Sie Ihrer Fantasie so freien Lauf lassen wie bei der Kreation von Topflappen.

Dabei brauchen Sie weder viel Zeit noch viel Geld zu investieren. Die Grundkniffe sind schnell erlernt und so sind Topflappen auch die idealen Handarbeitsobjekte für Anfänger. Kleine Fehler und Abweichungen sind kein Problem, betonen sie doch nur den individuellen Charakter des Objekts.

Für alle Techniken finden Sie auf den Anleitungsseiten anfängerfreundliche Schritt-für-Schritt-Erklärungen. Dabei ist der Schwerpunkt Häkeln ausführlich zu Beginn mit Zeichnungen erklärt. Aber ganz gleich, ob Sie nun die wieder entdeckte Trendtechnik Häkeln ausprobieren wollen, oder sich auch mal an einfache Stricklappen wagen, alles ist im Nu gemacht.

Bei den genähten Modellen, die sich übrigens gut für Anfänger eignen, finden Sie genaue Anleitungen für die Nähtechnik. Vielleicht eröffnet sich Ihnen damit ja der Zugang zum Nähen, und Sie wagen sich bald schon an größere Nähstücke. Mit Topflappen bietet sich aber auch eine gute Möglichkeit, das gerade top angesagte Filzen auszuprobieren. So erlernen Sie nicht nur die Technik, sondern haben gleich ein brauchbares Ergebnis in der Hand.

Für die Fans der Serviettentechnik ist die Kombination aus Nähen, Basteln und Häkeln neuartig und zeigt, wie sich verschiedene Techniken miteinander verbinden lassen.

Probieren Sie einfach aus, was Ihnen gefällt. Und denken Sie daran, die gezeigten Topflappenmodelle und -techniken sind Vorschläge, die Sie zu eigenen Ideen und Kombinationen anregen sollen. Denn genau das ist der unschätzbare Vorteil eines kreativen Hobbys: Sie können das Ergebnis selbst bestimmen, und auch während des Entstehungsprozesses spontan Änderungen einarbeiten.

Zum Schluss noch ein Tipp: Gemeinsam handarbeiten macht noch mehr Spaß, und so sind Handarbeitszirkel heutzutage wieder der letzte Schrei. Gründen Sie doch selbst eine Topflappen-Gruppe, und treffen Sie sich zu einem geselligen und produktiven Abend. Sie werden sehen, wie viel Freude es macht.

Kleines Häkel-Einmaleins

Häkeln ist einfach und macht Spaß. Probieren Sie es aus. Wenn Sie nicht oder nicht mehr wissen, wie es geht, helfen Ihnen die folgenden Erklärungen der Grundtechniken.

DIE ANFANGSSCHLINGE

Bei jeder Häkelarbeit steht am Anfang die Schlinge. Wickeln Sie dafür den Arbeitsfaden, das ist der lange Faden, der zum Wollknäuel führt, zunächst zweimal um den Zeigefinger. Rechtshänder nehmen dafür den linken, Linkshänder den rechten Zeigefinger.

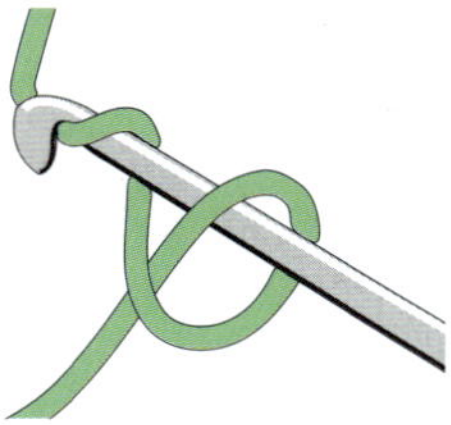

Legen Sie nun das kurze Fadenende zur Schlinge, sodass das Fadenende hinten liegt. Die Schlinge halten Sie mit dem Daumen und Mittelfinger derselben Hand fest. Jetzt nehmen Sie die Häkelnadel in die andere Hand und stecken sie von vorn nach hinten durch die Schlinge. Fassen Sie mit dem Haken der Nadel den Arbeitsfaden, der über Ihren Zeigefinger läuft, und ziehen Sie ihn durch die Schlinge. Die Schlinge fest anziehen, dabei wird das Ende des Fadens unterhalb des Knotens gefasst.

DIE HÄKELARBEIT HALTEN

Als Rechtshänder halten Sie die Häkelnadel in der rechten Hand zwischen Daumen und Zeigefinger (Linkshänder nehmen hier und im Folgenden die jeweils andere Hand). Sie können die Häkelnadel sowohl von oben greifen (wie Besteck), dann liegt die Hand über der Nadel. Sie können die Nadel aber auch von unten fassen und wie einen Stift halten. Den Arbeitsfaden zunächst von der Oberseite der linken Hand aus zwischen dem kleinen und dem Ringfinger zur Handinnenseite legen. Von dort aus ziehen Sie den Faden vorn über den Zeigefinger und wickeln ihn zweimal bis zur Spitze um den Zeigefinger herum. Gehalten wird die Häkelarbeit stets zwischen Daumen und Mittelfinger der linken Hand, und zwar dicht unter der Einstichstelle der nächsten Masche.

DIE LUFTMASCHE

Zu Beginn einer Häkelarbeit müssen Sie immer Luftmaschen aufnehmen. Dafür arbeiten Sie zunächst die Anfangsschlinge und halten dann die Arbeit wie oben beschrieben. Schieben Sie anschließend die Häkelnadel etwas nach links, der Haken zeigt nach oben. Jetzt legen Sie den Arbeitsfaden von hinten nach vorne um die Häkelnadel, dabei hält der Haken den Arbeitsfaden auf

der Nadel fest. Ziehen Sie den Arbeitsfaden mit dem Haken durch die Schlinge auf der Nadel. Die nächsten Luftmaschen genauso ausführen. Achten Sie dabei darauf, dass sie gleichmäßig groß sind.

DIE KETTMASCHE

Kettmaschen werden dazu verwendet, eine Masche oder Maschengruppe an einer anderen Stelle der Häkelarbeit zu befestigen. Häufig wird mit einer Kettmasche auch eine Luftmaschenkette zu einem Ring geschlossen. Gearbeitet wird eine Kettmasche im Prinzip genau wie eine Luftmasche. Nur wird die Nadel durch ein Maschenglied gestochen, bevor der Faden geholt und dann durch das Maschenglied und die Schlinge auf der Nadel gezogen wird.

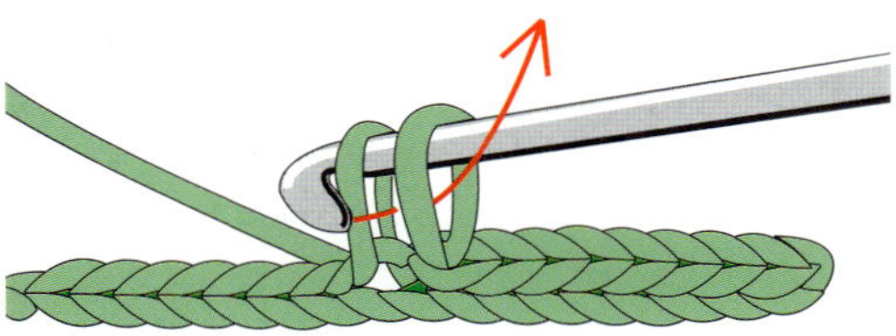

DIE FESTE MASCHE

Stechen Sie die Nadel durch ein Maschenglied einer Luftmaschenkette oder der vorangegangenen Reihe. Legen Sie jetzt den Arbeitsfaden von hinten nach vorne um die Nadel, fassen Sie ihn mit dem Haken, und ziehen Sie ihn durch das Maschenglied durch. Anschließend schlagen Sie den Arbeitsfaden noch einmal um die Nadel und ziehen ihn durch die beiden Schlingen auf der Nadel.

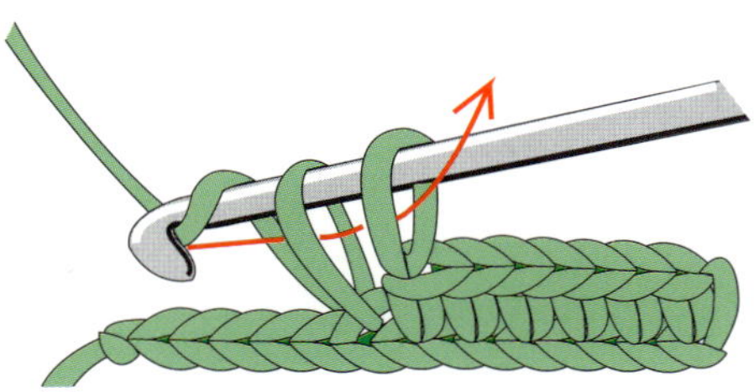

DAS HALBE STÄBCHEN

Schlingen Sie den Faden von hinten nach vorne um die Nadel, bevor Sie die Häkelnadel durch ein Maschenglied einer Luftmaschenkette oder in das einer vorangegangenen Reihe stechen. Holen Sie den Faden mit dem Haken, und ziehen Sie ihn durch die Häkelarbeit. Es befinden sich drei Schlingen auf der Nadel. Legen Sie den Faden nochmals um die Nadel, und ziehen Sie ihn mit dem Haken durch alle drei Schlingen.

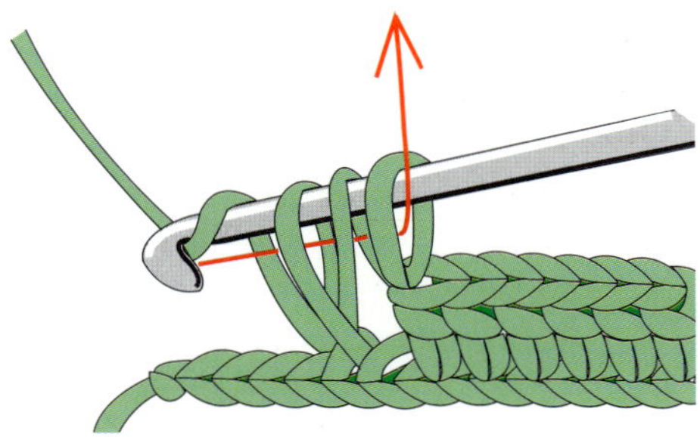

WENDE-LUFTMASCHEN

Beim Häkeln bewegt sich die Nadel stets auf der Oberkante der Reihe, an der Sie gerade arbeiten. Wenn Sie eine neue Reihe anfangen, sind immer Wende-Luftmaschen nötig, um die Nadel auf die entsprechende Arbeitshöhe zu bringen. Wende-Luftmaschen sind zudem nötig, um einen geraden Rand zu erzielen. Die Zahl der Wende-Luftmaschen richtet sich nach der Maschenart der neuen Reihe: Für feste Maschen ist es eine Luftmasche, für halbe Stäbchen sind es zwei. Achten Sie dabei gegebenenfalls auch auf die Angaben in den jeweiligen Anleitungen.

GERADER RAND

Für einen gleichmäßigen Rand häkeln Sie nach der letzten Masche, die Sie ins letzte Maschenglied der Vorreihe arbeiten, die für die Maschenart entsprechende Anzahl Wende-Luftmaschen (→ siehe oben).

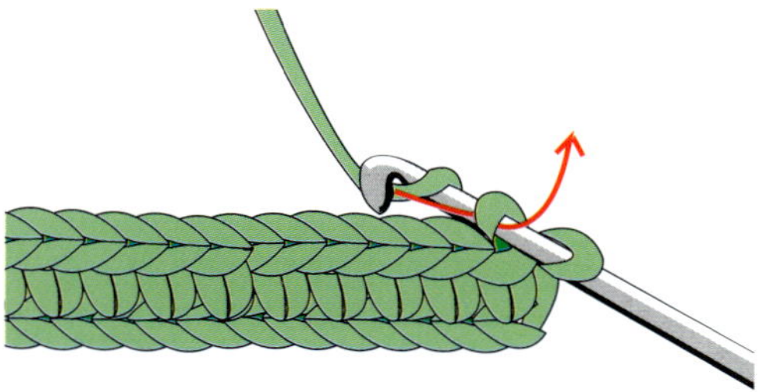

Nun wenden Sie die Arbeit und machen die erste Masche der neuen Reihe in das letzte Maschenglied der Vorreihe, nicht aber in die Wende-Luftmasche(n)! Sind Sie am Ende der Reihe angekommen, häkeln Sie die letzte Masche in das letzte Maschenglied der Vorreihe und häkeln dann zum Wenden wieder die für die Maschenart entsprechende Anzahl Wende-Luftmaschen.

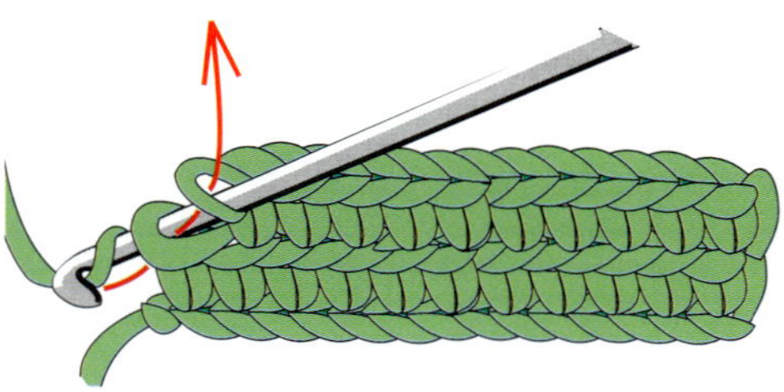

MASCHEN ZUNEHMEN

Bei Zunahmen von einer Masche am Rand häkeln Sie in das erste bzw. letzte Maschenglied zwei Maschen der entsprechenden Maschenart ein. Für Zunahmen von mehr als einer Masche häkeln Sie am Ende der vorangehenden Reihe (für Zunahmen auf der linken Seite) bzw. am Ende der aktuellen Reihe (für Zunahmen auf der rechten Seite) die entsprechende Anzahl Luftmaschen plus

Wende-Luftmasche(n). Die Häkelarbeit wenden. Nun wird die neue Luftmaschenkette genau wie jede andere Reihe mit der gewünschten Maschenart überhäkelt.

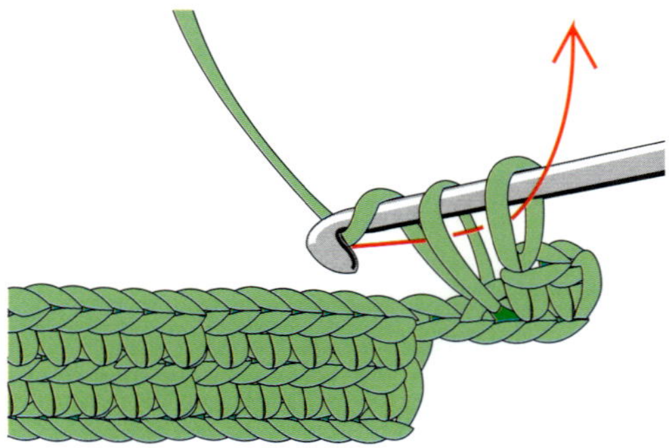

MASCHEN ABNEHMEN

Bei Abnahmen einer Masche auf beiden Seiten übergehen Sie am Reihenanfang das erste Maschenglied. Am Ende der Reihe lassen Sie das vorletzte Maschenglied aus, und stechen in das letzte Maschenglied ein.

Wollen Sie gleich mehrere Maschen abnehmen, lassen Sie in der neuen Reihe einfach so viele Maschenglieder der vorherigen Reihe stehen, wie Sie abnehmen wollen. Die Wende-Luftmasche am Anfang der Reihe entfällt, stattdessen arbeiten Sie sich mit Kettmaschen bis zur nächsten eigentlichen Masche vor. Erst dann entsprechend der Maschenart eine oder mehrere Wende-Luftmaschen arbeiten

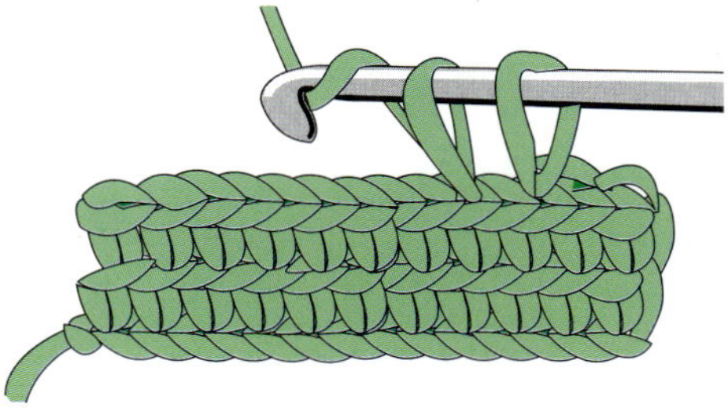

und wie gewohnt weiterhäkeln. Wollen Sie am Ende der Reihe zwei oder mehr Maschen abnehmen, überspringen Sie die vorletzte Masche vor der Anzahl der abzunehmenden Maschen, und häkeln Sie die letzte Masche in die folgende Masche. So ergibt sich eine stufenlose Rundung.

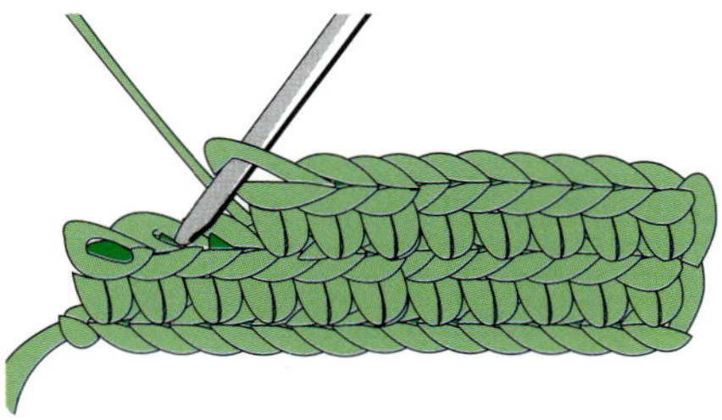

FARBWECHSEL

Am Reihenanfang lassen Sie dafür einfach den alten Faden hängen und beginnen die nächste Reihe mit der Wende-Luftmasche in der neuen Farbe. Ist der Farbwechsel mitten in einer Reihe erforderlich, maschen Sie die letzte Masche der ersten Farbe mit der neuen Garnfarbe ab. Die neue Farbe wird also angeschlungen, bevor Sie die letzte Masche vollendet haben. Wenn Sie die alte Farbe später in der Reihe wieder benötigen, lassen Sie sie mitlaufen. Dafür umhäkeln Sie den alten Faden einfach mit der neuen Farbe.

TIPP **Viel Arbeit sparen Sie sich, wenn Sie die Fäden schon während des Häkelns »vernähen«. Dafür legen Sie beispielsweise bei einem Fadenwechsel den neuen und alten Faden etwa 5 cm lang über die Maschenglieder der vorhergehenden Reihe und umhäkeln die Fäden beim Arbeiten der Maschen für die neue Reihe.**

FÄDEN VERNÄHEN

Ist die Häkelarbeit fertig gestellt, müssen alle losen, herabhängenden Fäden vernäht werden. Fädeln Sie sie dafür auf eine Stopfnadel, und stechen Sie die Nadel durch die Maschen der Häkelarbeit. Nach ungefähr 5 cm wird jeder vernähte Faden dicht an der Ausstichstelle abgeschnitten.

MUSTERZEICHNUNGEN

Alle Häkel-Zeichnungen werden von unten nach oben, beginnend von rechts nach links oder mit dem Pfeil gelesen. Bei Reihen sind die zweite und alle weiteren geraden Reihen stets von links nach rechts zu lesen, in Runden wird immer von rechts nach links gelesen. Der Mustersatz wird entsprechend des Rapports fortlaufend wiederholt, die Maschen davor und danach nur an den Rändern.

Topflappen-Häkel-Schule

Führen Sie sich die folgenden Tipps, Tricks und Hinweise zum Nacharbeiten der Topflappen zu Gemüte, bevor Sie anfangen zu häkeln. Dann kann nichts mehr schief gehen.

GLATTE UMRANDUNG

Wenn Sie einen glatten Rand bei einem Topflappen bevorzugen, umhäkeln Sie die Quadrate zum Schluss mit festen Maschen. Dabei sollten Sie an den seitlichen Kanten genauso viele Maschen in den Rand häkeln, wie Sie Maschen für die Reihen aufgenommen haben. Wenn Sie die Umrandung in einer Kontrastfarbe häkeln möchten, dann empfiehlt es sich, zuerst eine Reihe in der Farbe des Topflappens zu häkeln, und dann eine oder mehrere Reihen in der Kontrastfarbe. So vermeiden Sie die unschöne Wirkung unregelmäßiger Einstechstellen der Maschen am Rand, die bei gleicher Farbe nicht zu sehen sind.

TIPP Ist Ihr Topflappen doch etwas kleiner ausgefallen, als gewünscht, umhäkeln Sie ihn einfach mit mehreren Reihen fester Maschen.

ZIERRAND MIT KREBSMASCHEN

Für einen schönen Rand mit Wickeleffekt können Sie Ihre Topflappen mit Krebsmaschen umhäkeln. Diese sind im Grunde nichts anderes als in entgegengesetzte Richtung gearbeitete feste Maschen. Beginnen Sie dafür mit einer Wende-Luftmasche. Dann stechen Sie als Rechtshänder rechts daneben in das Maschenglied und holen den Faden von hinten nach vorne durch. Es sind zwei Schlingen auf der Nadel. Nun den Arbeitsfaden erneut holen und durch die beiden Schlingen ziehen.

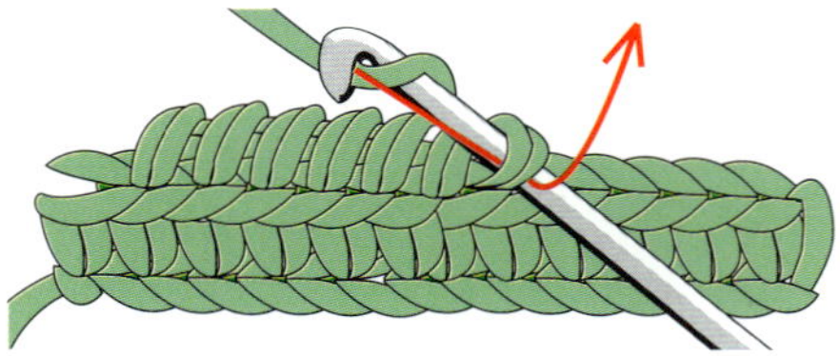

ECKEN UMHÄKELN

Für schöne Ecken arbeiten Sie in eine nach außen vorstehende Ecke entweder dreimal eine feste Masche oder eine feste Masche, eine Luftmasche und eine feste Masche in die Eckmasche. In der nächsten Reihe bildet die mittlere der drei Maschen die Einstichstelle für die Eckmaschen. Bei der Umrandung von nach innen weisenden Ecken nehmen Sie dagegen eine Masche ab. Dafür einfach die Eckmasche überspringen.

RUNDUNGEN UMHÄKELN

Bei der Umrandung runder Topflappen mit festen Maschen oder Krebsmaschen in regelmäßigen Abständen Maschen zunehmen. Richten Sie sich dabei nach den Angaben in den jeweiligen Anleitungen bzw. nach Ihrem Gefühl: Sobald der Topflappen droht, sich zu ziehen, ist es Zeit eine Masche zu verdoppeln. Bei nach innen weisenden Rundungen gelegentlich eine Masche überspringen.

AUFHÄNGESCHLAUFE

Zur Aufhängung der Topflappen häkeln Sie am Ende an einer Ecke oder in der Mitte einer Kante eine Schlaufe. Dafür häkeln Sie 15 Luftmaschen, die letzte Masche arbeiten Sie als Kettmasche in die Ecke oder Reihe (je nachdem, wo die Schlaufe positioniert ist). Nach einer Wende-Luftmasche arbeiten Sie 20 feste Maschen in den Luftmaschenring. Dabei stechen Sie nicht in die Maschenglieder ein, sondern umstechen den Luftmaschenring. Zum Schluss zur Sicherheit zwei Kettmaschen auf den Topflappenrand häkeln.

IN FORM BRINGEN

Sind alle Häkel- und Näharbeiten ausgeführt, wird der Topflappen abschließend gebügelt. Da Topflappen stets aus Baumwolle gearbeitet werden, vertragen sie problemlos heiße Bügeltemperaturen. Entweder Sie besprühen die Lappen mit Wasser oder bedecken sie mit einem feuchten Tuch. Dann mit der Einstellung »Baumwolle« dampfbügeln. Achten Sie dabei darauf, dass die jeweilige Form der Topflappen erhalten bleibt. Sofern Sie mit der Form der Topflappen noch unzufrieden sind, können Sie das Bügeleisen auch gezielt zur Formgebung einsetzen.

TIPP Wenn Sie zum Verzieren oder für Ränder nur kleinere Garnmengen einer anderen Farbe benötigen, ist es preiswerter, statt eines ganzen Knäuels Baumwollgarn ein Mattstickgarn von Mez Stärke 3 zu kaufen.

HÄKELNADEL

Häkeln Sie extrem locker, sollten Sie immer eine halbe bis ganze Nadelstärke dünner verwenden als auf der Banderole des Garns angegeben. Wenn Sie sehr fest häkeln, nehmen Sie eine halbe bis ganze Nadelstärke mehr.

MASCHENPROBE

Bevor Sie anfangen zu häkeln, empfiehlt es sich, eine Maschenprobe anzufertigen. Damit verhindern Sie, dass der Topflappen viel zu klein oder unhandlich groß ausfällt. Bei der Anfertigung der Maschenprobe befolgen Sie die Angaben auf der Banderole des Garns. Anhand Ihrer eigenen Maschenprobe können Sie dann feststellen, ob diese Angaben auch Ihrem Maschenbild entsprechen. Gegebenenfalls die Maschenzahl Ihres Häkelstücks anpassen bzw. die Nadelstärke verändern.

Grundausrüstung und Material

Als Garn haben wir für alle Topflappen das Baumwollgarn Catania von Schachenmayr mit einer Lauflänge von 125 m pro 50 g verwendet. Es ist für eine Nadelstärke zwischen 2,5 und 3,5 geeignet. Um Ihre Farbauswahl zu erleichtern, wird in den Anleitungen immer die Farbnummer in Klammern angegeben. Das ist aber nur ein Anhaltspunkt, denn selbstverständlich können Sie auch andere Farben sowie jedes andere Baumwollgarn in der entsprechenden Nadelstärke verarbeiten. Neben einer für Ihr Garn und Ihren Häkelstil passenden Häkelnadel gehört auch eine stumpfe Stopfnadel zur Grundausstattung jeder Topflappen-Häklerin. Sie benötigen sie zum Fäden vernähen und für Stickarbeiten. Natürlich darf auch eine Schere nicht fehlen.

Mohnblume

Wie ein Bild wirkt der wunderschöne Topflappen in Form und Farbe einer Mohnblüte. Ein Paar davon ist auch ein prima Geschenk als Dankeschön für eine Essenseinladung.

MATERIAL FÜR 1 LAPPEN

- 50 g Garn in Signalrot (Nr. 0115)
- 50 g Garn in Weinrot (Nr. 0192)
- Garnrest in Sonnengelb (Nr. 0208)

SO WIRD'S GEMACHT

① **Pro Topflappen häkeln** Sie insgesamt 26 Runden fester Maschen nach der nebenstehenden Anleitung (→ Tipp von Seite 14). Sie beginnen in der Mitte des Kreises und häkeln 7 Runden mit dem sonnengelben Garn. Danach häkeln Sie mit dem weinroten Garn weitere 8 Runden und setzen dann mit dem signalroten Häkelgarn den Kreis fort.

② **Nach der 26. Runde** arbeiten Sie weitere 3 Reihen für jedes der fünf Blütenblätter über jeweils 30 Maschen. Dabei jedes Blütenblatt einzeln beenden und zwischen den Blättern 1 Masche frei lassen (an einer Stelle 2). Am Anfang und Ende jeder 1. Reihe 1 Masche abnehmen, bei der 3. Reihe jeweils 6 feste Maschen, 3 Kettmaschen, 8 feste Maschen, 4 Kettmaschen und 7 feste Maschen häkeln.

③ **Umhäkeln Sie die** Mohnblüte mit festen Maschen in Weinrot, dabei an einem Einschnitt zwischen den Blütenblättern beginnen. Beim nächsten Einschnitt zur Blütenmitte hin 7 feste Maschen aufhäkeln (→ Seite 18, Schritt 6), auf der gleichen Linie wieder zurück zum nächsten Blütenblatt häkeln. Nach dem letzten Einschnitt arbeiten Sie die Aufhängeschlaufe (→ Seite 9).

Kreis aus festen Maschen

1. **Runde:** Schlagen Sie 4 Luftmaschen an, und schließen Sie diese zum Ring. Um den Ring herum zunächst 1 Wende-Luftmasche und 7 feste Maschen häkeln
2. **Runde:** Verdoppeln Sie 4-mal jede 2. Masche = 12 Maschen
3. **Runde:** Verdoppeln Sie 6-mal jede 2. Masche = 18 Maschen
4. **Runde:** Verdoppeln Sie 6-mal jede 3. Masche = 24 Maschen
5. **Runde:** Verdoppeln Sie 6-mal jede 4. Masche = 30 Maschen
6. **Runde:** Verdoppeln Sie die 2. und noch 5-mal jede 5. Masche = 36 Maschen
7. **Runde:** Verdoppeln Sie 6-mal jede 6. Masche = 42 Maschen
8. **Runde:** Verdoppeln Sie die 3. und noch 5-mal jede 7. Masche = 48 Maschen
9. **Runde:** Verdoppeln Sie 6-mal jede 8. Masche = 54 Maschen
10. **Runde:** Verdoppeln Sie die 4. und noch 5-mal jede 9. Masche = 60 Maschen
11. **Runde:** Verdoppeln Sie 6-mal jede 10. Masche = 66 Maschen
12. **Runde:** Verdoppeln Sie die 5. und noch 5-mal jede 11. Masche = 72 Maschen
13. **Runde:** Verdoppeln Sie 6-mal jede 12. Masche = 78 Maschen
14. **Runde:** Verdoppeln Sie die 6. und noch 5-mal jede 13. Masche = 84 Maschen
15. **Runde:** Verdoppeln Sie 6-mal jede 14. Masche = 90 Maschen
16. **Runde:** Verdoppeln Sie die 7. und noch 5-mal jede 15. Masche = 96 Maschen

17. Runde: Verdoppeln Sie 6-mal jede 16. Masche = 102 Maschen

18. Runde: Verdoppeln Sie die 8. und noch 5-mal jede 17. Masche = 108 Maschen

19. Runde: Verdoppeln Sie 6-mal jede 18. Masche = 114 Maschen

20. Runde: Verdoppeln Sie die 9. und noch 5-mal jede 19. Masche = 120 Maschen

21. Runde: Verdoppeln Sie 6-mal jede 20. Masche = 126 Maschen

22. Runde: Verdoppeln Sie die 10. und noch 5-mal jede 21. Masche = 132 Maschen

23. Runde: Verdoppeln Sie 6-mal jede 22. Masche = 138 Maschen

24. Runde: Verdoppeln Sie die 11. und noch 5-mal jede 23. Masche = 144 Maschen

25. Runde: Verdoppeln Sie 6-mal jede 24. Masche = 150 Maschen

26. Runde: Verdoppeln Sie die 12. und noch 5-mal jede 25. Masche = 156 Maschen

Marienkäfer

Glück kann man auch in der Küche gut gebrauchen. Die fröhlichen Marienkäfer helfen beim Gelingen der Speisen und sorgen für Sicherheit im Umgang mit heißen Töpfen.

MATERIAL FÜR 2 LAPPEN

- 50 g Garn in Signalrot (Nr. 0115)
- 50 g Garn in Schwarz (Nr. 0110)
- Garnrest in Weiß (Nr. 0106)

SO WIRD'S GEMACHT

❶ **Wickeln Sie vom** roten bzw. schwarzen Garn ein zweites Knäuel ab. Die Vorlage spiegelverkehrt zur linken Seite erweitern. Dann schlagen Sie 10 Luftmaschen plus Wende-Luftmasche in Schwarz bzw. Rot an. In der dritten Reihe beginnen Sie die seitliche Erweiterung (→ Seite 6). Dabei mit je einem roten bzw. schwarzen Knäuel auf jeder Seite arbeiten und die Regeln des Farbwechsels beachten (→ Seite 7). Punkte und Augen werden später separat gearbeitet.

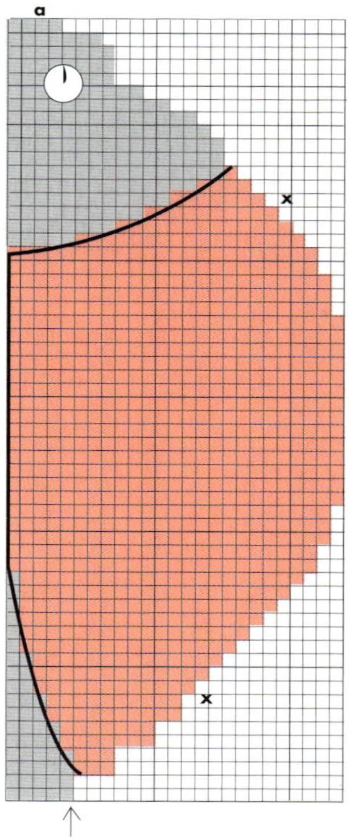

❷ **Umhäkeln Sie den** Marienkäfer rundherum mit festen Maschen in den entsprechenden Farben, dabei die Stufen durch Zunahmen ausgleichen (→ Seite 8).

❸ **An den mit** x bezeichneten Stellen häkeln Sie die Beinchen unter den Rand. Dafür eine Kettmasche an der Unterseite in den Rand häkeln, weiter 8 Luftmaschen plus Wende-Luftmasche arbeiten. Dann 4 feste Maschen in 4 Luftmaschen, sowie 3 feste Maschen in 1 Luftmaschenglied der Vorreihe häkeln. Abschließend noch 3 feste Maschen arbeiten. Mit dem Anfangs- und Endfaden jedes Füßchen unter dem Rand fixieren.

❹ **Für die Fühler** 30 Lufmaschen anschlagen. Dann 12 Kettmaschen zurückhäkeln. Eine feste Masche in die nächste Luftmasche und zusätzlich in den Kopf bei a häkeln. Arbeiten Sie 6 feste Maschen um die nächsten 4 Luftmaschen herum, dann erneut eine feste Masche in die nächste Luftmasche und auf der anderen Seite bei a in den Kopf häkeln. Weiter 12 Kettmaschen über die restlichen Luftmaschen häkeln.

❺ **Für die Punkte** pro Topflappen sechs Kreise mit je 3 Runden nach der Anleitung von Seite 10 häkeln und symmetrisch verteilt aufnähen. Anschließend die markierten Trennlinien mit Maschenstich aufsticken oder aufhäkeln (→ Seite 14, Schritt 5 oder Seite 18, Schritt 6).

❻ **Für die Augen** mit weißem Garn je zwei Kreise mit jeweils 2 Runden arbeiten. Auf jedem Kreis wird die Pupille mit schwarzem Garn im Maschenstich aufgestickt.

Glücksschwein

Ganz gleich, ob Sie gerne Schweinebraten essen oder einfach ein fröhliches Glücksschwein als Küchenhelfer benötigen, gute Laune bringt dieser Topflappen garantiert.

MATERIAL FÜR 1 LAPPEN

- 50 g Garn in Rosé (Nr. 0158)
- Garnrest in Pink (Nr. 0223)
- Garnrest in Weiß (Nr. 0106)
- Garnrest in Schwarz (Nr. 0110)

SO WIRD'S GEMACHT

1 **Häkeln Sie mit** dem hellrosafarbenen Garn nach der Anleitung von Seite 10 einen Kreis aus festen Maschen mit 26 Runden.

2 **Anschließend werden** die Ohren über 17 Maschen direkt angehäkelt. Richten Sie sich dabei nach der Vorlage und beachten Sie den Farbwechsel in der Ohrmitte. Auch hier arbeiten Sie nur feste Maschen. Für das zweite Ohr gehen Sie genauso vor, es hat 14 Maschen Abstand zum ersten.

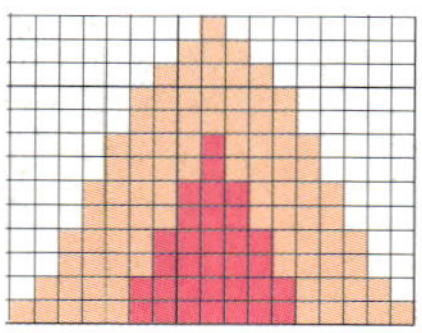

3 **Umhäkeln Sie zum** Abschluss Ohren und Kopf mit festen Maschen – dadurch bekommt die Form zusätzlichen Halt. Dabei an einem Ohr auf der Innenseite eine Schlaufe arbeiten (→ Seite 9).

TIPP Beim Häkeln eines Kreises markieren Sie den Anfang jeder Runde fortlaufend mit einem quer über Kreuz eingelegten Markierungsfaden, so können Sie die Runden abzählen.

4 **Für die Schnauze** häkeln Sie einen zweiten hellrosa Kreis mit 9 Runden, dabei die letzte Runde in Weiß arbeiten. Mit weißem Faden etwas unterhalb des Kopfmittelpunktes aufnähen.

5 **Die Nasenlöcher und** der Mund werden in Pink im Maschenstich aufgestickt. Dafür die Nadel von der Rückseite zur Vorderseite durchstechen und den Faden durchziehen. Den Faden als Bogen vor die Ausstichstelle legen, dann erneut an der Ausstichstelle einstechen. Die Nadelspitze auf der Rückseite in Stichlänge in Richtung Fadenbogen führen und vor dem Fadenbogen wieder ausstechen. Den Faden so lange anziehen, bis der Maschenstich flach auf dem Häkelstück aufliegt.

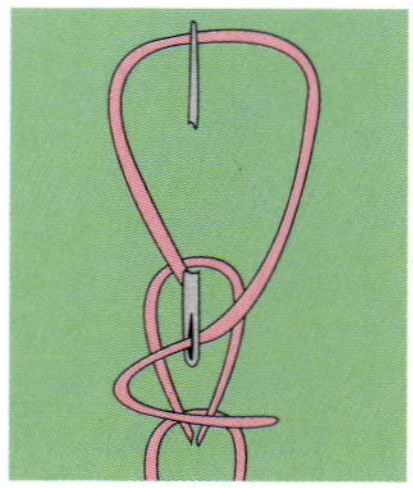

6 **Zum Schluss sticken** Sie die Augen im Plattstich mit der Stopfnadel in Schwarz und Weiß auf. Dafür die Nadel von der Rückseite auf die Vorderseite durchstechen. Dann in Stichbreite wieder einstechen, die Nadelspitze auf der Rückseite knapp neben dem vorherigen Ausstichpunkt erneut ausstechen. Die Fläche, beispielsweise die Pupille, so mit dicht nebeneinander liegenden Fäden füllen; die Abstände der Ausstichstellen sind etwa fadenbreit.

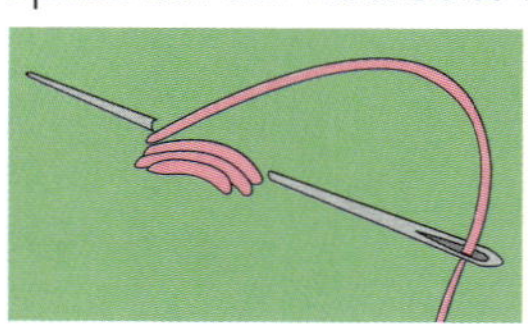

Für den Küchen-Lap-Top(f)

Computerfreaks müssen jetzt auch in der Küche nicht mehr auf ihren geliebten Klammeraffen verzichten. Er eignet sich aber auch hervorragend als Mouse-Pad.

MATERIAL FÜR 2 LAPPEN

- 50 g Garn in Kornblumenblau (Nr. 0123)
- 50 g Garn in Anthrazit (Nr. 0217)

SO WIRD'S GEMACHT

1. **Es empfiehlt sich**, die Farbfäden innerhalb des Motivs nicht mitzuziehen, da der Lappen sonst sehr dick wird. Wickeln Sie stattdessen je drei blaue und drei anthrazitfarbene Knäuel von den großen Garnknäueln ab, und arbeiten Sie mit jeweils vier Knäueln einer Farbe.

2. **Schlagen Sie mit** dem blauen Garn 15 Luftmaschen und eine Wende-Luftmasche an, und häkeln Sie das Motiv nach der Vorlage von unten nach oben mit festen Maschen (→ Musterzeichnungen Seite 7).

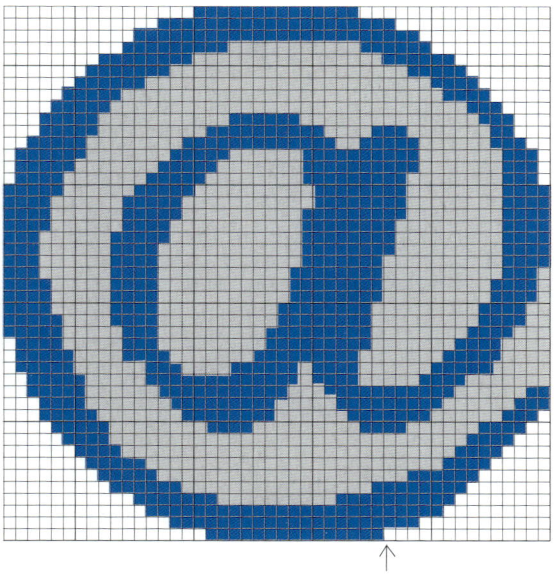

3. **Für den Farbwechsel** maschen Sie die letzte Masche einer Farbe mit dem neuen Garn ab. Das Knäuel mit der alten Farbe hängen lassen. Sie benötigen es später in der Rückreihe wieder.

4. **Für Zunahmen und** Abnahmen von einer oder mehreren Maschen am Rand richten Sie sich nach den Erläuterungen auf Seite 6.

5. **Zum Abschluss wird** der Topflappen rundherum mit festen Maschen in Blau umhäkelt. Beachten Sie dabei den Farbwechsel von Blau zu Anthrazit. Für eine stufenlose, gleichmäßige Außenrundung verdoppeln Sie beim Umhäkeln sechs Mal im Abstand von ungefähr 21 Maschen eine feste Masche.

6. **Wer den Klammeraffen** als Topflappen benutzen will, häkelt zum Schluss noch eine Schlaufe zum Aufhängen in die obere Mitte ein (→ Seite 9). Bei der Verwendung als Mouse-Pad ist dies nicht nötig.

TIPP Nach dem Prinzip des Klammeraffen können Sie auch andere Muster in einen Lappen häkeln. Fertigen Sie dafür vorher Ihre eigene Musterzeichnung auf kariertem Papier an.

Grüner Kohlkopf

In frischen Grüntönen schützt der Kohllappen Ihre Hände nicht nur vor heißen Topfgriffen, sondern ist auch ein hübscher Farbklecks für die Küche.

MATERIAL FÜR 2 LAPPEN

- → 50 g Garn in Blattgrün (Nr. 0139)
- → 50 g Garn in Dunkelgrün (Nr. 0198)
- → Garnrest in Apfelgrün (Nr. 0205)

SO WIRD'S GEMACHT

1. **Wickeln Sie vom** dunkelgrünen Garn etwa ein Drittel für ein zweites Knäuel ab.

2. **Häkeln Sie mit** dem blattgrünen Garn 4 Luftmaschen plus eine Wende-Luftmasche, und arbeiten Sie den Kohlkopf nach der Musterzeichnung von rechts unten nach links oben (→ Seite 7) mit festen Maschen. Beim Farbwechsel von Blatt- zu Dunkelgrün wird die letzte Masche einer Farbe mit der neuen Farbe abgemascht.

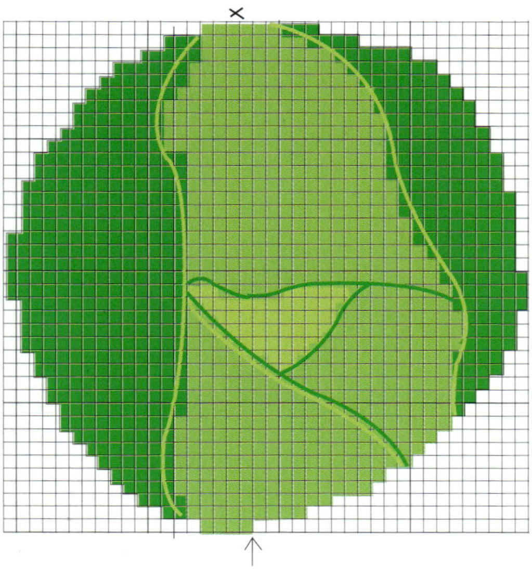

3. **Beim inneren apfelgrünen** Bereich überhäkeln Sie den blattgrünen Faden und führen ihn auf diese Weise mit auf die andere Seite. Für das kleinere dunkelgrüne Farbfeld auf der rechten Seite verwenden Sie das zuvor abgewickelte zweite dunkelgrüne Garnknäuel.

4. **Für Zunahmen von** einer Masche verdoppeln Sie die erste bzw. letzte Masche einer Reihe. Müssen Sie mehr als eine Masche zunehmen, häkeln Sie am Ende der vorangehenden Reihe bzw. am Reihenende die entsprechende Anzahl Luftmaschen plus Wende-Luftmasche. Bei Abnahmen überhäkeln Sie die ersten Maschen einer Reihe mit Kettmaschen bzw. lassen die Maschen am Ende einer Reihe einfach weg.

5. **Umhäkeln Sie den** Topflappen mit festen Maschen in Dunkel- und Blattgrün, die Fäden beim Farbwechsel können Sie gleich durch Überhäkeln »vernähen« (→ Seite 7). An die mit x bezeichnete Stelle eine Schlaufe arbeiten (→ Seite 9).

6. **Die Trennlinien häkeln** Sie mit der Nadel auf, indem Sie den Faden auf der Rückseite des Topflappens halten, von oben nach unten mit der Nadel einstechen und eine Fadenschlinge hochziehen. In Maschenlänge wieder von oben nach unten einstechen und den Faden nach oben durch die Schlinge ziehen. Sie können die Trennlinien aber auch im Maschenstich mit der Stopfnadel aufnähen (→ Seite 14).

Exotische Ananas

Hier ist ein besonders süßes Früchtchen, das die Küche ziert und schmückt. Ob als bloße Deko oder als Topflappen, die gehäkelte Ananas macht in jedem Fall eine gute Figur.

MATERIAL FÜR 1 LAPPEN

- 50 g Garn in Lachsrosa (Melone, Nr. 0235)
- 50 g Garn in Apfelgrün (Nr. 0205)
- Garnrest in Haselnussbraun (Nr. 0188)
- Garnrest in Dunkelgrün (Nr. 0198)

SO WIRD'S GEMACHT

1 **Schlagen Sie mit** dem lachsrosa Garn 12 Luftmaschen plus 1 Wende-Luftmasche an, und häkeln Sie das Motiv nach der Musterzeichnung von unten nach oben mit festen Maschen (→ Seite 7).

2 **Bei Zunahmen und** Abnahmen von Maschen richten Sie sich nach den Angaben auf Seite 6. Es sollte sich eine möglichst stufenlose Rundung ergeben.

3 **Die Blattrosette häkeln** Sie in Apfelgrün an die Spitze der Ananas (→ Farbwechsel Seite 7). Den jeweils andersfarbigen Faden lassen Sie mitlaufen und überhäkeln ihn beim Farbwechsel. Die verschiedenen Blätter einzeln beenden.

4 **Anschließend werden die** Trennlinien der Blätter in Dunkelgrün mit der Häkelnadel aufgehäkelt (→ Seite 18, Schritt 6). Die Kerben auf der Frucht häkeln Sie in Haselnussbraun auf. Auf die exakte Position kommt es dabei nicht an.

TIPP Statt die Trennlinien aufzuhäkeln können Sie sie ebensogut mit der Stopfnadel im Maschenstich aufsticken (→ Seite 14).

5 **Umhäkeln Sie die** Frucht zum Abschluss nacheinander mit einer Reihe fester Maschen und einer Reihe Krebsmaschen in Lachsrosa (→ Seite 8). Die Blätter erhalten einen Rand aus festen Maschen in Dunkelgrün. Oben dazwischen eine dunkelgrüne Aufhängeschlaufe häkeln (→ Seite 9).

Halloween-Kürbis

Nicht nur für die verrückte Zeit im Herbst nimmt es der Kürbis lachend mit jedem heißen Topf auf. Er fühlt sich auch in jeder anderen Jahreszeit in Ihrer Küche wohl.

MATERIAL FÜR 1 LAPPEN

- 50 g Garn in Orange (Jaffa, Nr. 0189)
- Garnrest in Haselnussbraun (Nr. 0188)
- Garnrest in Dunkelbraun (Marone, Nr. 0157)

SO WIRD'S GEMACHT

1 **Schlagen Sie mit** orangefarbenem Garn zuerst die benötigten 12 Luftmaschen angefangen beim linken Pfeil an, und häkeln Sie die ersten 2 Reihen bis zum Einschnitt. Schneiden Sie den Faden ab, und häkeln Sie dann den zweiten Teil, beginnend bei dem rechts daneben stehenden Pfeil. Ab dem Einschnitt häkeln Sie weiter über den ersten Teil, dabei »vernähen« Sie den Endfaden durch Einhäkeln (→ Tipp Seite 7).

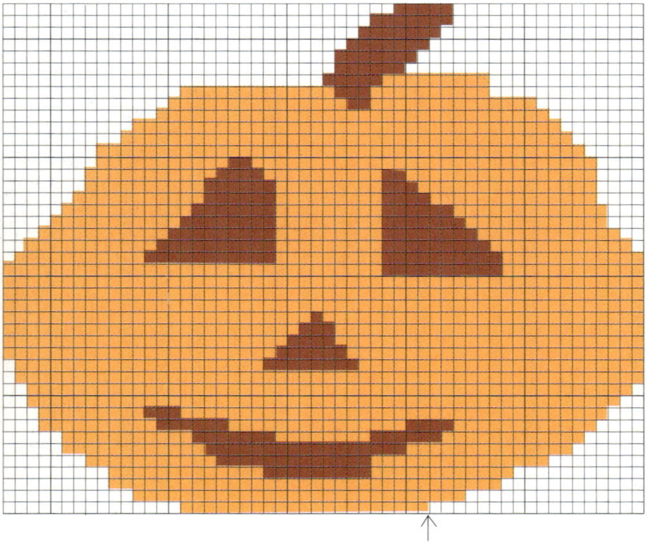

2 **Häkeln Sie den** Kürbis entsprechend der Zeichnung mit festen Maschen. Bei Zunahmen oder Abnahmen richten Sie sich nach den Erklärungen auf Seite 6. Das Ergebnis sollte möglichst weich gerundet sein.

3 **Die braunen Flächen** für Mund, Nase und Augen häkeln Sie mit ein (Mundwinkel kommen später), dabei den orangefarbenen Faden mitlaufen lassen und einhäkeln. Bei Beginn einer neuen Farbe maschen Sie die letzte Masche der ersten Farbe mit dem neuen Garn ab. Der Stiel wird oben gleich mit braunem Garn angehäkelt.

4 **Für die Mundwinkel** benötigen Sie zwei gehäkelte braune Dreiecke aus festen Maschen. Als Vorlage nehmen Sie dafür die Pfeilspitze von Seite 26. Diese anschließend mit festen Maschen in Dunkelbraun umranden, dabei in den Ecken jeweils 3 Maschen in die Eckmasche arbeiten (→ Seite 8). Nun umhäkeln Sie den Mund, die Nase und die Augen mit dunkelbraunem Garn (→ Seite 18, Schritt 6), Sie können sie aber auch mit Maschenstich umsticken (→ Seite 14). Nähen Sie die Mundwinkel mit dunkelbraunem Garn auf.

5 **Zum Schluss wird** der Kürbis mit haselnussbraunem Garn in festen Maschen umhäkelt. Achten Sie darauf, dass der Rand gerundet verläuft (→ Seite 8), hinter den Stiel eine Aufhängeschlaufe häkeln (→ Seite 9).

Muschel

Für maritimes Flair und ein Stück Urlaubsstimmung sorgt dieser Topflappen in Ihrer Küche. Dazu schützt das hübsche Strandgut Ihre Hände vor heißen Töpfen.

MATERIAL FÜR 1 LAPPEN

- 50 g Garn in Hellbeige (Perle, Nr. 0155)
- Garnrest in Lachsrosa (Melone, Nr. 0235)

SO WIRD'S GEMACHT

1 **Bevor Sie anfangen** wickeln Sie vom lachsrosa Garn ein kleines Knäuel ab. Nun schlagen Sie mit dem hellbeigen Garn 7 Luftmaschen plus eine Wende-Luftmasche an und häkeln nach der Musterzeichnung von unten nach oben in festen Maschen (→ Seite 7).

2 **Wenn Sie an** den Seiten und später am oberen Rand eine oder mehrere Maschen zu- bzw. abnehmen müssen, beachten Sie die Erklärungen auf Seite 6.

TIPP Um eckige Stufen abzurunden, häkeln Sie bei Außenrundungen eine doppelte Masche in die Ecke, bei Innenrundungen bzw. Einschnitten eine Masche überspringen (→ Seite 8).

3 **Beim Farbwechsel maschen** Sie die letzte Masche einer Farbe mit der neuen Farbe ab (→ Seite 7). Dabei das eine lachsrosafarbene Knäuel an der Seite hängen lassen. Häkeln Sie die kommenden hellbeigen Maschen, und erweitern Sie dann am Ende erneut gemäß der Vorlage mit dem zweiten Garnknäuel in Lachsrosa. Auch dieses hängen lassen und später weiterverwenden.

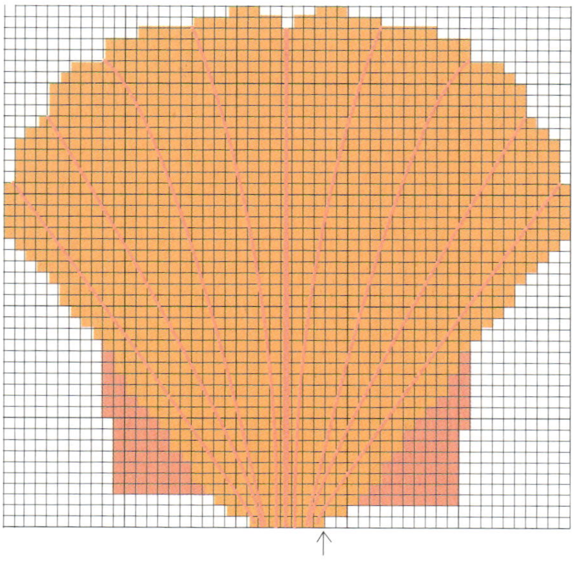

4 **Umhäkeln Sie die** Muschel mit festen Maschen, dabei die entsprechenden Farben der Muschel beachten. Achten Sie auch darauf, dass die Rundungen am oberen Muschelrand nicht eckig werden.

5 **Zum Abschluss häkeln** Sie die Trennlinien mit dem lachsrosa Garn auf die Muschelschale (→ Seite 18, Schritt 6). Für schöne Kanten lassen Sie dabei die Linien am oberen Rand etwa eine Masche über die Kante bis auf die Rückseite laufen. Erst dort die Trennlinien abmaschen und vernähen.

Küchen-Verkehrsordnung

In Ihrer Küche läuft alles rund und so ist auch Gegenverkehr kein Problem. Die beiden witzigen Verkehrsschilder-Topflappen kommen sicher auch bei Männern gut an.

MATERIAL FÜR 2 LAPPEN

- 50 g Garn in Weiß (Nr. 0106)
- 50 g Garn in Kornblumenblau (Nr. 0123)
- 50 g Garn in Signalrot (Nr. 0115)
- Garnrest in Schwarz (Nr. 0110)

SO WIRD'S GEMACHT

Gegenverkehr

1 **Häkeln Sie mit** weißem Garn einen kreisförmigen Lappen aus festen Maschen mit 26 Runden gemäß der Anleitung für die Mohnblume (→ Seite 10). Dabei von Runde 20 bis 25 mit Rot häkeln. Beenden Sie die letzte Runde mit Weiß, und häkeln Sie am Ende gleich eine Schlaufe zum Aufhängen ein (→ Seite 9).

2 **Nun häkeln Sie** mit dem schwarzen und roten Garn je einen Pfeil nach der Musterzeichnung rechts. Für die Zu- und Abnahmen an der Pfeilspitze richten Sie sich nach den Erklärungen auf Seite 6. Umhäkeln Sie jeden Pfeil mit festen Maschen, dabei an den Außenecken je drei feste Maschen in eine Eckmasche arbeiten. In den Innenecken überspringen Sie die Eckmasche (→ Seite 8). Abschließend nähen Sie die Pfeile mit 1 cm Abstand zur Mittellinie des Kreises auf, Sie können ihn aber auch aufhäkeln.

Kreisverkehr

1 **Wickeln Sie vom** weißen Garn zwei kleinere Knäuel für die Pfeile sowie vom kornblumenblauen Garn zwei kleinere Knäuel für die Pfeilzwischenräume ab.

2 **Häkeln Sie aus** dem großen blauen Garnknäuel einen kreisförmigen Lappen mit festen Maschen gemäß der Anleitung für die Mohnblume (→ Seite 10). Der Topflappen wird über insgesamt 26 Runden bis zum äußeren Rand gearbeitet.

3 **Dabei von der** 18. bis 21. Runde die Balken der drei Pfeile ohne die Spitze über je 24 Maschen mit jeweils 12 Maschen Abstand zueinander in Weiß einhäkeln. Verwenden Sie dafür die vorher abgewickelten Garnknäuel. Beim Farbwechsel von Weiß zu Blau und umgekehrt die letzte Masche einer Farbe mit dem Garn der zweiten Farbe abmaschen. Häkeln Sie nach dem Abschluss der letzten Runde ebenfalls mit dem blauen Garn eine Schlinge zum Aufhängen. (→ Seite 9).

4 **Jetzt werden nach** der Vorlage die Pfeilspitzen für die drei Pfeile separat aus weißem Garn gehäkelt. Jeweils mit einem Rand aus festen Maschen einfassen, dabei arbeiten Sie an den Ecken immer 3 Maschen in eine Eckmasche. Zum Schluss nähen Sie die Pfeilspitzen mit weißem Garn auf die Enden der weißen Pfeilbalken.

Bierkrug

Das gute Stück können Sie ganz toll als Hingucker zu einer deftigen Brotzeit präsentieren, ansonsten dient es als praktischer Küchenhelfer. Na dann Prost!

MATERIAL FÜR 1 LAPPEN

- 50 g Garn in Weiß (Nr. 0106)
- 50 g Garn in Sonnengelb (Nr. 0208)
- Garnrest in Silbergrau (Nr. 0172)

SO WIRD'S GEMACHT

1 **Häkeln Sie den** Bierkrug von unten nach oben nach der Musterzeichnung mit festen Maschen (→ Seite 7). Der Henkel und die beiden Schaumspritzer werden erst später gearbeitet, lassen Sie sie also aus, bzw. häkeln Sie den einen Spritzer in Gelb.

2 **Für Zu- und Abnahmen** richten Sie sich nach den Erklärungen auf Seite 6. Beim Farbwechsel von Gelb zu Weiß oben bei der Schaumkrone lassen Sie den gelben Faden mitlaufen (→ Seite 7).

3 **Häkeln Sie an** der rechten Seite den Henkel mit grauem Garn in festen Maschen an. Mit Kettmaschen mit der Schaumkrone verbinden. Anschließend umhäkeln Sie das Glas und den Henkel mit grauem Garn in festen Maschen. Danach die Schaumkrone mit weißen Krebsmaschen rundherum umranden (→ Seite 8).

4 **Den linken Schaumtropfen** am Rand des Glases gemäß der Vorlage aus festen Maschen in Weiß an das Glas häkeln. Danach am Außenrand mit weißen Krebsmaschen umhäkeln. Arbeiten Sie den mittleren weißen Schaumtropfen separat mit festen Maschen, und umhäkeln Sie ihn rundherum mit Krebsmaschen in derselben Farbe.

5 **Nun häkeln Sie** die Linien mit grauem Garn auf das Glas (→ Seite 18, Schritt 6). Abschließend den mittleren Schaumtropfen mit der Stopfnadel in Weiß aufnähen. Der Henkel dient als Schlaufe zum Aufhängen.

Kultautos Mini und Käfer

Autoliebhaber werden begeistert sein von diesen originellen Topflappen. Damit gehen sogar Ehemänner gern ins Rennen und starten in der Küche voll durch.

MATERIAL FÜR 2 LAPPEN

- 50 g Garn in Schwarz (Nr. 0110)
- 50 g Garn in Weiß (Nr. 0106)
- 50 g Garn in Silbergrau (Nr. 0172)
- 50 g Garn in Anthrazit (Nr. 0217)
- 50 g Garn in Signalrot (Nr. 0115)
- 50 g Garn in Maigrün (Nr. 0170)

SO WIRD'S GEMACHT

1 **Arbeiten Sie die** Autos nach den Vorlagen, die Scheinwerfer werden später separat gehäkelt. Gezeigt ist immer eine Autohälfte, die zweite Hälfte ergänzen Sie spiegelbildlich.

2 **Beginnen Sie bei** beiden Autos am linken Vorderreifen, bis er an die erste durchgehende Reihe angrenzt. Den Faden etwa 5 cm lang abschneiden. Anschließend den rechten Vorderreifen ebenso und bis zur gleichen Höhe arbeiten.

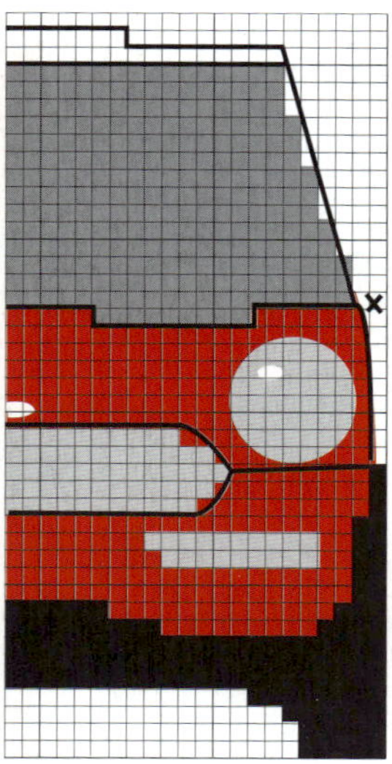

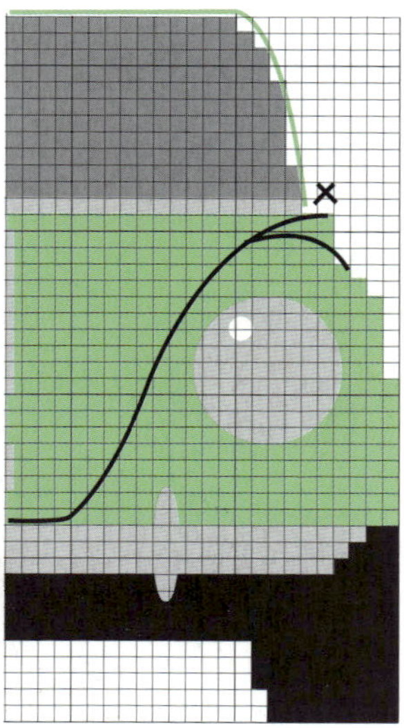

3 **Nun häkeln Sie den** Beginn der ersten durchgehenden Reihe über den rechten Reifen, schlagen die entsprechende Anzahl Luftmaschen für die Verbindung an und häkeln dann weiter über den linken Vorderreifen. Bei der Rückreihe häkeln Sie in die Luftmaschen feste Maschen. Bis zum Rand der Frontscheiben nach der Vorlage arbeiten.

TIPP Beim Farbwechsel können Sie den Faden der alten Farbe entweder überhäkeln und dadurch mitlaufen lassen oder später mit kleinem Knäuel neu anfangen, wenn Sie die Farbe wieder brauchen.

4 **Häkeln Sie die Trennlinien** in den entsprechenden Farben auf (→ Seite 18, Schritt 6). Für die Scheinwerfer arbeiten Sie je zwei Kreise in Silbergrau nach der Anleitung von Seite 10, Runde 1 bis 4, und nähen sie auf. Die Lichtreflexe mit Weiß aufsticken.

5 **Umhäkeln Sie den Mini** in Schwarz mit festen Maschen, in die untere Mitte 14 halbe Stäbchen häkeln. Den Käfer vom Kotflügel an mit Schwarz umhäkeln, in der unteren Mitte 10 halbe Stäbchen arbeiten. Die Windschutzscheibe mit Grün umranden. Die Außenspiegel in Weiß als Aufhängeschlaufen häkeln (→ Seite 9).

228
58
12
Ferrari
1
21
11
15

Karo-Ass und Pik-Neun

Die plakativen Spielkarten passen zu jeder Kücheneinrichtung und eignen sich hervorragend als Mitbringsel für den Gastgeber der Skat- oder Doppelkopfrunde.

MATERIAL FÜR 2 LAPPEN

- 100 g Garn in Weiß (Nr. 0106)
- Garnrest in Schwarz (Nr. 0110)
- Garnrest in Signalrot (Nr. 0115)

SO WIRD'S GEMACHT

Pik-Neun

1 Schlagen Sie mit weißem Garn 40 Luftmaschen und eine Wende-Luftmasche an, und arbeiten Sie durchgehend 62 Reihen mit festen Maschen. Nach der letzten Reihe umhäkeln Sie den Topflappen mit festen Maschen, dabei in jede Eckmasche 3 feste Maschen arbeiten (→ Seite 8). An die letzte Ecke häkeln Sie abschließend eine Schlaufe zum Aufhängen (→ Seite 9).

2 Nun häkeln Sie neun kleine schwarze Vierecke aus festen Maschen. Dafür jeweils 4 Luftmaschen plus Wende-Luftmasche anschlagen und 5 Reihen häkeln. An jedem Rechteck einen etwa 30 cm langen Faden hängen lassen – damit nähen Sie es später auf den Topflappen. Bügeln Sie die Vierecke, und ziehen Sie sie dabei in Rautenform.

3 Nähen Sie eine Raute mittig auf die Karte. Vier weitere werden mit etwa 1,5 cm Abstand zur ersten und in paralleler Ausrichtung auf dem weißen Lappen fixiert. Die übrigen vier Rauten mit der gleichen Ausrichtung und jeweils 2,5 cm Abstand zu den Kanten in die Ecken der Topflappen-Karte nähen.

Zum Schluss nähen Sie jeweils eine schwarze »Neun« gemäß der Vorlage in die vier Ecken.

Karo-Ass

1 Ebenfalls 40 Luftmaschen und eine Wende-Luftmasche mit Weiß anschlagen und wie vorher den Topflappen aus festen Maschen häkeln.

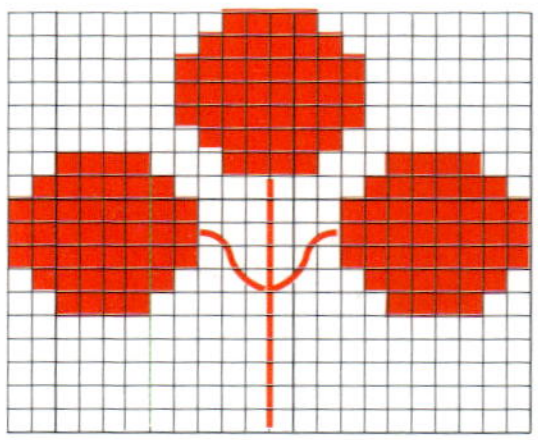

Für die roten Farbfelder wickeln Sie kleine Knäuel vom Garn ab.

In der 25. Reihe mit dem Einhäkeln der roten Kreise nach der Vorlage beginnen. Dafür zuerst 11 Maschen in Weiß häkeln, dann kommt die erste rote Masche. Überhäkeln Sie dabei den weißen Faden, und nehmen Sie ihn auf die Weise mit.

2 Nach 62 Reihen den Topflappen rundherum mit festen Maschen umhäkeln, dabei in die Ecken 3 feste Maschen arbeiten (→ Seite 8). An die letzte Ecke wird die Aufhängeschlaufe gehäkelt (→ Seite 9).

3 Sticken Sie die Verbindungslinien des Karomotivs in der Mitte nach der Zeichnung im Maschenstich auf (→ Seite 14), oder häkeln Sie sie mit der Häkelnadel auf (→ Seite 18, Schritt 6). Das »A« zum Schluss gemäß der Vorlage in die Ecken nähen.

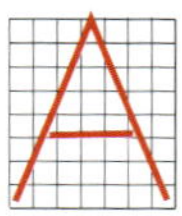

Grafischer Muster-Mix

Der Clou an dem Topflappenpaar ist, dass die Muster unterschiedlich sind und doch perfekt zusammenpassen. Mit knalligen Farben kommen sie richtig toll zur Geltung.

MATERIAL FÜR 2 LAPPEN

- 50 g Garn in Orange (Jaffa, Nr. 0189)
- 50 g Garn in Dunkelblau (Nr. 0202)
- 50 g Garn in Apfelgrün (Nr. 0205)

SO WIRD'S GEMACHT

Patchwork-Muster

❶ **Sie beginnen in** der Mitte. Schließen Sie 3 Luftmaschen in Orange zum Ring. Nach einer Wende-Luftmasche 8 feste Maschen in den Ring häkeln, die Runde dann mit einer Kettmasche, die Sie in die erste feste Masche arbeiten, schließen.

❷ **Nach einer Wende-Luftmasche** »3 feste Maschen für eine Ecke in ein Maschenglied häkeln, 1 feste Masche häkeln«. Den Rapport in »« insgesamt vier Mal arbeiten, sodass ein Quadrat entsteht. Jede Runde mit einer Kettmasche schließen, jede nächste Runde mit einer Wende-Luftmasche beginnen. Arbeiten Sie in die Ecken jeweils 3 feste Maschen, dazwischen häkeln Sie feste Maschen.

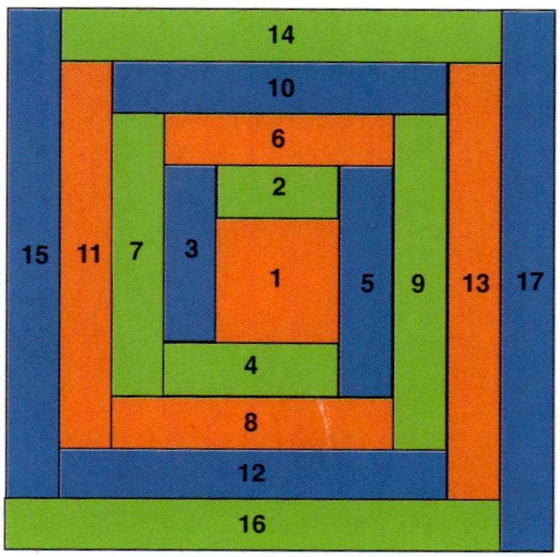

❸ **Nach 4 Runden** häkeln Sie an einer Kante mit Grün 5 Reihen, dann an der nächsten orange-grünen Kante 5 Reihen Blau. Setzen Sie die Streifen nach der Schemazeichnung in der Reihenfolge der Zahlen fort. Zum Abschluss häkeln Sie an eine Ecke die Aufhängeschlaufe (→ Seite 9).

Zacken-Muster

❶ **Häkeln Sie mit** Orange 1 Luftmasche plus Wende-Luftmasche, und arbeiten Sie 3 feste Maschen in die Luftmasche. Mit einer Luftmasche wenden, in allen nachfolgenden Reihen die Randmaschen an Reihenanfang und -ende immer verdoppeln.

❷ **In der 8. Reihe** mit Blau beginnen, dabei häkeln Sie die Randmasche rechts in Orange, die Randmasche links in Grün. Die Randfarben zur Mitte hin immer um eine Masche verbreitern. Nach weiteren 7 Reihen eine Reihe komplett blau häkeln, dann erneut mit den Zacken an den Seiten beginnen.

❸ **Nach sechs grünen** und orangefarbenen Zacken an den Seiten jeweils eine Masche abnehmen, das heißt, die erste und vorletzte Masche überspringen (→ Seite 6). Gleichzeitig an beiden Seiten blaue Zacken arbeiten, dazwischen Streifen in Orange und Grün abwechseln. Nach dem letzten blauen Zacken häkeln Sie eine Schlaufe zum Aufhängen an die Spitze (→ Seite 9).

Flaggen

Ob aus Frankreich, Ungarn oder Schweiz – ganz gleich, aus welchem Land Ihre Lieblingsspeisen kommen, mit einer Flagge als Topflappen zeigen Sie, wo's in Ihrer Küche langgeht.

MATERIAL FÜR 3 LAPPEN

- 50 g Garn in Weiß (Nr. 0106)
- 50 g Garn in Kornblumenblau (Nr. 0123)
- 50 g Garn in Blattgrün (Nr. 0139)
- 50 g Garn in Signalrot (Nr. 0115)

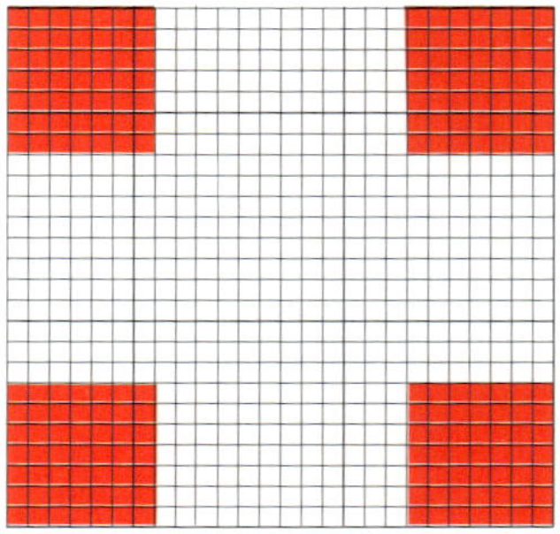

SO WIRD'S GEMACHT

Französische Flagge

Häkeln Sie 44 Luftmaschen plus Wende-Luftmasche mit Blau. Dann je 24 Reihen feste Maschen in Blau, Weiß und Rot häkeln. Zum Abschluss die Flagge mit festen Maschen in der jeweiligen Farbe umhäkeln und eine Schlinge zum Aufhängen arbeiten (→ Seite 9).

Schweizer Flagge

Wickeln Sie vom roten Garn ein kleines Knäuel ab, und häkeln Sie 44 Luftmaschen plus Wende-Luftmasche mit Rot. Danach häkeln Sie mit festen Maschen 18 Reihen hoch, dann mittig das weiße Kreuz nach der Vorlage einarbeiten. Beim Farbwechsel darauf achten, dass die letzte Masche einer Farbe mit der nächsten Farbe abgemascht wird (→ Seite 7). Benutzen Sie beim Einarbeiten des Kreuzes auf der linken Seite das zweite rote Knäuel. Ist das Kreuz fertig, weiter mit rotem Garn 18 Reihen häkeln. Zum Abschluss umhäkeln Sie die Flagge mit festen Maschen in Rot, dabei an einer Ecke eine Schlaufe ergänzen (→ Seite 9).

Ungarische Flagge

1 **Häkeln Sie mit** dem grünen Garn 55 Luftmaschen plus eine Wende-Luftmasche. Nach 16 Reihen mit festen Maschen häkeln Sie weiter mit dem weißen Garn, nach erneut 16 Reihen setzen Sie die Flagge in Rot fort.

2 **Zum Abschluss umhäkeln** Sie den Lappen in den jeweiligen Farben, an einer der beiden roten Ecken eine rote Aufhängeschlinge arbeiten (→ Seite 9).

TIPP Bis auf wenige Ausnahmen lässt sich jede Flagge nach dem quer gestreiften Prinzip der ungarischen oder dem längs gestreiften Schema der französischen Flagge nacharbeiten. Bei schwierigeren Vorlagen markieren Sie die Maschen- und Reihenanzahl auf kariertem Papier und zeichnen die Streifen- bzw. Musteraufteilung in dieses Rechteck.

MARKT INDERSDORF
Erdweg
Schwabhausen b. Dachau
BERGKIRCHEN
DACHAU
NEUFAHRN b. Freising
Schleußig
Zentrum-Süd
ECHING

Stars and Stripes

Fans von Doughnuts, Hamburgern, Popcorn oder anderem amerikanischem Kultfood finden hier die passenden Topflappen für ihr Kochvergnügen.

MATERIAL FÜR 2 LAPPEN

- 50 g Garn in Weiß (Nr. 0106)
- 50 g Garn in Kornblumenblau (Nr. 0123)
- 50 g Garn in Signalrot (Nr. 0115)

SO WIRD'S GEMACHT

Streifen-Topflappen

1 Schlagen Sie mit dem weißen Garn 46 Luftmaschen und eine Wende-Luftmasche an, und häkeln Sie mit festen Maschen 4 Reihen Weiß und 4 Reihen Rot im Wechsel.

2 Nach 14 Streifen umhäkeln Sie den Lappen im Farbwechsel mit festen Maschen, dabei den roten bzw. weißen Faden immer mitlaufen lassen, also umhäkeln (→ Seite 7). Damit der Lappen schön quadratisch wird, müssen Sie an jede Seite 46 Maschen häkeln, in die Eckmaschen arbeiten Sie jeweils 3 feste Maschen. Zum Abschluss an einer Ecke eine Schlinge zum Aufhängen häkeln (→ Seite 9).

Stern-Topflappen

1 Wickeln Sie vom blauen Baumwollgarn zwei kleinere Knäuel und vom weißen Garn ein kleines Knäuel ab. Nun schlagen Sie mit dem blauen Garn 51 Luftmaschen plus eine Wende-Luftmasche an. Häkeln Sie eine Reihe fester Maschen. Dann beginnen Sie, den weißen Stern gemäß der Vorlage von unten nach oben einzuarbeiten. Beachten Sie, dass Sie beim Farbwechsel die letzte Masche der ersten Farbe immer mit der neuen Farbe abmaschen (→ Seite 7).

2 Zum Abschluss gehen Sie genau wie beim Streifen-Topflappen vor und umranden den Stern-Topflappen mit einer Reihe fester Maschen in Blau (auf jeder Seite 51 Maschen). Aufhängeschlaufe anhäkeln nicht vergessen (→ Seite 9).

TIPP Wenn's schnell gehen soll, kann man den Stern auch mit weißer Stoffmalfarbe aufmalen.

Hase mit langen Löffeln

Meister Lampe leistet Ihnen in der Küche nützliche Dienste. Zwar sind seine Löffel nicht zum Rühren geeignet, doch halten sie die Hitze heißer Topfgriffe von Ihren Händen fern.

MATERIAL FÜR 1 LAPPEN

- 50 g Garn in Haselnussbraun (Nr. 0188)
- Garnrest in Weiß (Nr. 0106)
- Garnrest in Pink (Nr. 0223)
- Garnrest in Lachsrosa (Melone, Nr. 0235)
- Garnrest in Schwarz (Nr. 0110)

SO WIRD'S GEMACHT

1 **Gehäkelt wird mit** festen Maschen. Fertigen Sie zuerst die herabhängende Ohrspitze auf der linken Seite an. Sind Sie an der Ecke angelangt, schneiden Sie den Faden etwa 5 cm lang ab und legen das Häkelstück zur Seite.

2 **Nun beginnen Sie** ein neues Teil bei dem Pfeil an der Unterkante des Kopfes. Auch hier zunächst eine Luftmaschenkette arbeiten und dann mit festen Maschen weiterhäkeln. Für Zunahmen und Abnahmen richten Sie sich nach den Erläuterungen auf Seite 6. Das Gesicht wird später aufgestickt.

3 **Wenn Sie in** Ohrhöhe angelangt sind, häkeln Sie vom Kopf über das anfangs gearbeitete linke Ohr weiter. Dabei den Faden des Ohrs gleich mit einhäkeln, so ist er »vernäht« (→ Tipp Seite 7). Bei den pinkfarbenen Innenohren den braunen Faden überhäkeln und mitlaufen lassen. Sind Sie am oberen Kopfrand angelangt, werden die Ohren getrennt weitergearbeitet.

4 **Umhäkeln Sie** den Hasenkopf mit festen und anschließend mit Krebsmaschen (→ Seite 8). Achten Sie beim Umhäkeln darauf, dass Ab- und Zunahmen durch Rundungen ausgeglichen werden (→ Seite 8). Am Kopf zwischen den Ohren eine Schlinge zum Aufhängen arbeiten (→ Seite 9). Zum Schluss wird das Gesicht im Maschen- und Plattstich aufgestickt (→ Seite 14).

Nikolaus mit Sack

Warum zu Weihnachten nicht auch die Küche weihnachtlich schmücken? Außerdem ist das Topflappenduo ein schönes Mitbringsel in der Adventszeit.

MATERIAL FÜR 2 LAPPEN

- 50 g Garn in Haselnussbraun (Nr. 0188)
- 50 g Garn in Weiß (Nr. 0106)
- 50 g Garn in Signalrot (Nr. 0115)
- Garnrest in Zartrosa (Rosé, Nr. 0158)
- Garnrest in Pink (Nr. 0223)
- Garnrest in Schwarz (Nr. 0110)
- Garnrest in Hellbeige (Nr. 0155)

SO WIRD'S GEMACHT

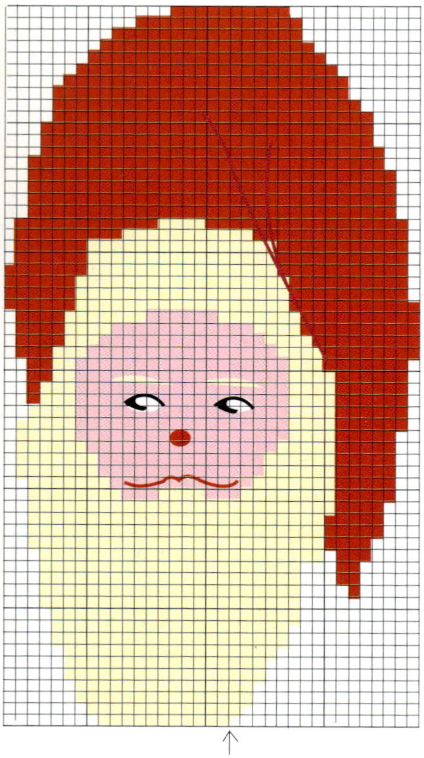

Nikolaus

❶ **Gehäkelt wird mit** festen Maschen. Beginnen Sie mit Rot an der Spitze der Mütze, und häkeln Sie bis zur ersten durchgehenden Reihe von Mütze und Bart. Den roten Faden nicht abschneiden und das Häkelstück zur Seite legen.

❷ **Dann beginnen Sie** den Bart von unten nach oben gemäß der Vorlage in Weiß zu häkeln. Sind Sie an der Reihe, wo Bart und Mütze zusammentreffen angelangt, das vorbereitete Häkelstück anhäkeln und beide Teile zusammen nach der Vorlage weiterarbeiten. Beachten Sie dabei die Regeln des Farbwechsels (→ Seite 7). Wenn Sie das Gesicht mit Hellrosa einarbeiten, den weißen Faden mitlaufen lassen.

❸ **Zum Abschluss die** Mütze in Rot und den Bart in Weiß mit Krebsmaschen umhäkeln (→ Seite 8). Hinter die Mütze eine flache Schlaufe einarbeiten (→ Seite 9).

❹ **Für den Pompon** an der Mütze einen weißen Kreis in 5 Runden nach der Anleitung von Seite 10 arbeiten. Die 6. Runde mit Krebsmaschen häkeln.

❺ **Das Gesicht und** die Trennlinien in der Mütze in den entsprechenden Farben mit Platt- und Vorstichen aufsticken (→ Seite 14), und den Pompon an die Zipfelmütze nähen.

Sack

❶ **Schlagen Sie mit** Hellbraun 25 Luftmaschen und eine Wende-Luftmasche an, und häkeln Sie den Sack nach der Vorlage mit festen Maschen von unten nach oben.

❷ **Nach Fertigstellung umhäkeln** Sie den Sack mit festen Maschen. Die beiden Sterne häkeln Sie separat gemäß der Vorlage

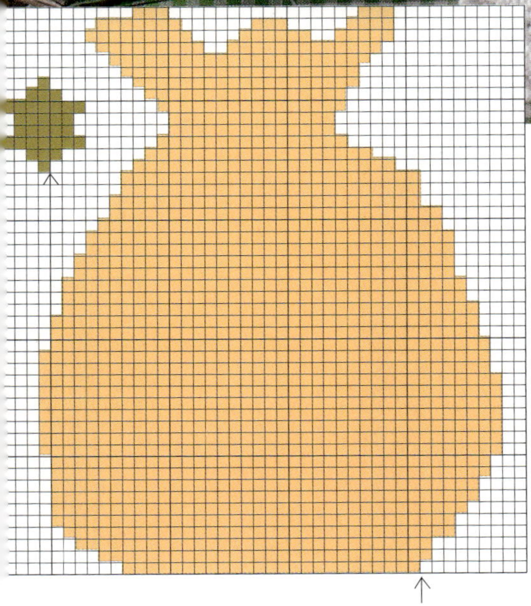

mit hellbeigem Garn. Auch sie werden mit festen Maschen gearbeitet.

3 Fixieren Sie rotes Garn mit einer Kettmasche an einem Stern, häkeln Sie 24 Luftmaschen, dann 12 feste Maschen auf den Sack (→ Seite 18, Schritt 6). Weiter geht's mit einer Schlinge mit 24 Luftmaschen als Aufhängeschlaufe. Zurück parallel zur ersten Reihe 12 feste Maschen auf den Sack häkeln. Noch 14 Luftmaschen arbeiten und diese mit einer Kettmasche am zweiten Stern fixieren. Fäden vernähen und den Lappen bügeln.

Weihnachtsbaum

Wer noch ein liebevolles Weihnachtsgeschenk braucht, liegt mit diesen Topflappen genau richtig. Das Beste daran: Sie sind ganz einfach und blitzschnell gemacht.

MATERIAL FÜR 2 LAPPEN

- 50 g Garn in Kornblumenblau (Nr. 0123)
- 50 g Garn in Blattgrün (Nr. 0139)
- Garnrest in Sonnengelb (Nr. 0208)
- Evtl. Stoffkleber

SO WIRD'S GEMACHT

1. **Wickeln Sie vom** kornblumenblauen Garn für jede Christbaumseite ein Knäuel mit etwa der Hälfte der Garnmenge ab.

2. **Häkeln Sie mit** dem blauen Garn 37 Luftmaschen und eine Wende-Luftmasche. Arbeiten Sie weiter nach der Vorlage von unten nach oben mit festen Maschen. Beim Farbwechsel von Blau zu Grün bzw. Grün zu Blau achten Sie darauf, dass Sie die letzte Masche der ersten Farbe mit der neuen Farbe abmaschen (→ Seite 7).

3. **Umhäkeln Sie den** Topflappen mit einer Runde fester Maschen und anschließend mit einer Runde Krebsmaschen in Blau (→ Seite 8). Dabei in den Ecken jeweils 3 Maschen in die Eckmasche häkeln. Zum Schluss häkeln Sie über der Spitze des Baumes an der Oberkante eine grüne Schlinge zum Aufhängen (→ Seite 9).

4. **Nun sticken Sie** die Sterne mit dem sonnengelben Garn mit Spannstichen auf: Dafür ein Kreuz mit doppeltem Faden über ca. 5 Maschen und 5 Reihen stechen, dann im 45-Grad-Winkel dazu versetzt ein kleineres Kreuz ebenfalls mit doppeltem Faden darüber sticken. Die Fäden jedes einzelnen Sterns auf der Rückseite mehrmals fest verknoten. Sicherheitshalber können Sie sie zusätzlich mit Stoffkleber fixieren.

TIPP Wer nicht gern stickt, kann die Sterne auch mit Pluster- oder Glitterfarbe in Gold aus der Tube aufmalen. Die Plusterfarbe wird nach dem Trocknen dreidimensional.

Doppelhandschuh

Für besonders heiße und spritzige Angelegenheiten sind diese miteinander verbundenen Handschuhe bestens geeignet, denn sie schützen die Arme gleich mit.

MATERIAL FÜR 1 LAPPEN

- 50 cm karierter Baumwollstoff, 90 cm breit
- 25 cm gestreifter Baumwollstoff, 90 cm breit
- 25 cm Thermo-Vlies, 90 cm breit
- 2,20 m rotes Schrägband, vorgefaltet, fertige Breite 1 cm (oder Schrägbandformer → Seite 50, Schritt 2–3)
- Rest roter Stoff
- Nähmaschine mit Nähzubehör
- Kariertes Stück Papier in DIN A4
- Stift

SO WIRD'S GEMACHT

1 **Vergrößern Sie den** Handschuhschnitt, indem Sie auf ein kariertes Papier ein Raster mit 3 x 3 cm großen Gittern markieren. Zeichnen Sie nun in dieses Raster den Handschuh entsprechend der Vorlage ein. Markieren Sie außerdem die Lage des Herzens auf dem Handschuh und die Form zusätzlich extra auf kariertem Papier. Schneiden Sie die Umrisse vom Handschuh und vom separaten Herz aus Papier aus.

2 **Nun schneiden Sie** den Handschuh zweimal aus gestreiftem Stoff zu. Für das Verbindungsstück legen Sie den karierten Stoff zur Hälfte, sodass er 45 x 50 cm groß liegt. Stecken Sie den Handschuhschnitt so auf den Stoff, dass der Abstand vor der Eingriffskante des Handschuhs zum Stoffbruch 18 cm beträgt, die Handschuhrundung weist auf die offenen Stoffkanten. Nun die Seiten des Handschuheingriffs bis zum Stoffbruch verlängern und markieren. Anschließend den Doppelhandschuh entlang des Papierschnittes und der verlängerten Markierungslinien aus dem doppelt gelegten Stoff schneiden. Die Nahtzugaben sind bereits eingerechnet. Nach diesem Prinzip benötigen Sie einen weiteren Doppelhandschuh aus kariertem Stoff sowie einen aus Thermo-Vlies.

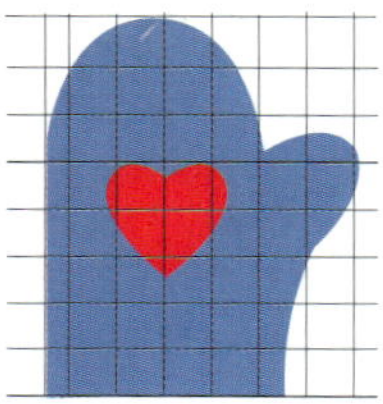

3 **Stecken Sie jeweils** auf die Eingriffseiten der beiden gestreiften Handschuhe das fertig gebügelte Schrägband, und steppen Sie es schmalkantig fest. Schneiden Sie aus dem roten Stoff zwei Rechtecke mit ca. 12 x 10 cm, und zeichnen Sie das Herz zweimal gemäß der Papiervorlage auf. Legen Sie je ein Rechteck mit Herz auf die markierte Stelle des gestreiften Handschuhs, stecken Sie es fest, und steppen Sie die Herzen mit engem Zickzackstich entlang der Kontur auf. Danach den überstehenden Stoff mit einer Schere dicht am Zickzack wegschneiden.

4 **Nun legen Sie** den Vlieszuschnitt zwischen die beiden gestreiften Stoffzuschnitte des Doppelhandschuhs. Darüber legen Sie auf jede Seite deckungsgleich einen gestreiften Handschuh und stecken alles aufeinander fest. Steppen Sie etwa mit 0,5 cm Abstand zur Kante rundherum alle Lagen mit

großer Sticheinstellung aufeinander. Anschließend stecken und steppen Sie das Schrägband von der Mitte des Doppelhandschuhs aus rundherum fest. Das Ende des Schrägbandes noch 15 cm aufeinander schmalkantig feststeppen, dann zur Schlinge formen und diese mit ein paar Stichen entlang der Steppkante fixieren.

Klassisches Patchwork

Der klassische Schleuderstern wird aus vielen Quadraten in der Diagonalen zusammengenäht, zu Streifen und dann zum Quadrat ergänzt.

MATERIAL FÜR 2 LAPPEN

- 30 cm gestreifter Baumwollstoff, 90 cm breit
- 10 cm gemusterter Baumwollstoff, 90 cm breit
- 5 cm karierter Baumwollstoff, 90 cm breit
- 0,25 cm Thermo-Vlies, 90 cm breit
- Nähmaschine mit Nähzubehör

SO WIRD'S GEMACHT

1 **Für das Innere** des Patchwork-Topflappens benötigen Sie acht gestreifte sowie fünf gemusterte Quadrate von je 6 x 6 cm. Für die Umrandung aus kariertem Stoff je zwei Streifen mit 4 x 16 cm und 4 x 22 cm zuschneiden. Für den äußeren Rand benötigen Sie je zwei Streifen aus gestreiftem Stoff mit 2,5 x 25 cm und 2,5 x 22 cm. Schneiden Sie außerdem aus Vlies und gestreiftem Stoff jeweils ein 25 x 25 cm großes Quadrat zu. Für den Aufhänger benötigen Sie einen 4 x 16 cm langen Stoffstreifen Ihrer Wahl.

2 **Bügeln Sie beide** langen Längskanten des Aufhängers 1 cm zur linken Seite, und falten Sie die Bruchkanten anschließend aufeinander. Den neuen Bruch bügeln, die offenen Kanten schmalkantig aufeinander steppen.

3 **Legen Sie viermal** je ein gestreiftes und gemustertes Quadrat rechts auf rechts aufeinander, und steppen Sie eine Naht in der Diagonalen. Schneiden Sie die Quadrate 0,5 cm neben der Naht auf einer Seite weg, und falten Sie sie entlang der Naht zum Quadrat auf, entlang der Diagonalen bügeln. Legen Sie nun die Quadrate gemäß der Schemazeichnung zum Muster, achten Sie dabei auf die Richtung der Diagonalen.

4 **Nähen Sie nun** die Quadrate gemäß des Schemas mit jeweils 0,5 cm Nahtzugabe zu Streifen 1-2-3, 4-5-6 und 7-8-9 zusammen. Nähte bügeln, dann die unteren beiden Streifen zum Rechteck zusammennähen. Dieses anschließend mit dem oberen Streifen zum Quadrat verbinden.

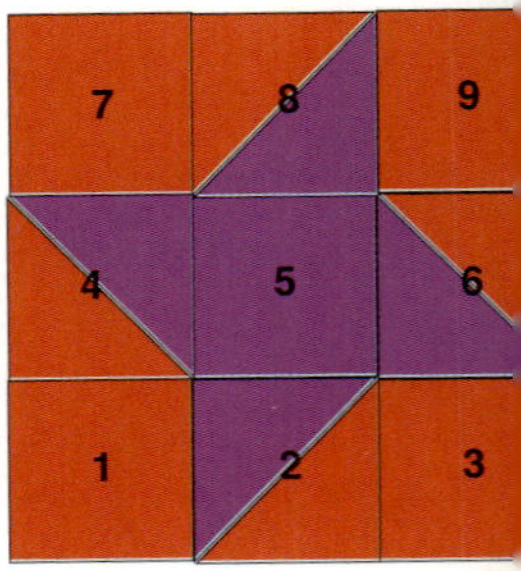

5 **An zwei** gegenüberliegenden Seiten die karierten kürzeren Streifen 0,5 cm breit annähen, dann die längeren Streifen an den übrigen Seiten. Genauso mit den äußeren Randstreifen vorgehen. Die Nähte bügeln.

6 **Den Patchworklappen** rechts auf rechts auf den quadratischen Stoffzuschnitt legen. Unter dieses Stoffquadrat das Vlies legen. Nun alles rundherum 0,5 cm breit aufeinander steppen, dabei an einer Kante den Aufhänger nach innen gerichtet zwischen Quadrat und Patchwork stecken. Am Ende einen 8 cm langen Schlitz zum Wenden offen lassen. Lappen bügeln, wenden und wieder bügeln. Zum Schluss die Kanten rundherum schmalkantig aufeinander steppen.

Schablonierte Tierbordüren

Lustige Schweinchen und fröhlich schnatternde Gänse wurden hier auf Stoff schabloniert und bringen Glück und gute Laune in Ihre Küche.

MATERIAL FÜR 2 LAPPEN

- 25 cm heller Baumwollstoff, 140 cm breit
- 25 cm Thermo-Vlies, 90 cm breit
- Größerer Rest karierter Stoff plus Schrägbandformer
- Nähmaschine mit Nähzubehör
- Fester, dünner Karton
- Klebeband, Cutter
- Stoffmalfarben in Weiß, Gelb, Rot und Pink, Pinsel

SO WIRD'S GEMACHT

1 **Kopieren Sie die** Motive für die Schablonen, und kleben Sie die Kopie auf Karton. Die Motive mit dem Cutter ausschneiden, rundherum den Karton stehen lassen.

2 **Schneiden Sie pro** Topflappen aus Vlies ein und aus hellem Stoff zwei je 22 x 22 cm große Quadrate aus. Für das Schrägband schneiden Sie Streifen im 45-Grad-Winkel zum Fadenlauf. Die Breite richtet sich nach der Herstelleranweisung des Schrägbandformers.

3 **Sie benötigen insgesamt** 1,10 cm Schrägband pro Topflappen. Müssen Sie die Schrägbandstreifen aneinander setzen, so legen Sie sie an den Schmalseiten rechts auf rechts so aufeinander, dass die Streifen ein »V« im rechten Winkel bilden. Den »Fuß« des Vs 0,5 cm breit aufeinander steppen, überstehenden Stoff wegschneiden und die Naht

bügeln. Schieben Sie den Streifen nun in einen Schrägbandformer, und fixieren Sie die Faltung mit dem Bügeleisen (genaue Anleitung auf der Verpackung). Abschließend die Längskanten des gebügelten Schrägbands aufeinander falten und ebenfalls bügeln.

4 **Legen Sie eine** Schablone auf die Vorderseite des Topflappens, und tragen Sie die entsprechende Farbe auf. Nach dem Trocknen die Farbe von der linken Seite her einbügeln. Nun Vorderseite, Vlies und Rückseite des Topflappens richtig herum aufeinander stecken und rundherum 0,5 cm breit steppen.

5 **Das Schrägband von** einer Ecke weg aufstecken. Dafür die offenen Kanten des Topflappens beidseitig mit dem gefalteten Schrägbandstreifen einfassen. Das Band rundum schmalkantig feststeppen. An den Ecken den Topflappen stets aus der Nähmaschine nehmen, das Band um die Ecke formen und weiternähen. Mit dem übrigen Bandende eine Schlaufe formen und diese fixieren.

TIPP Natürlich können Sie auch vorgefaltetes Schrägband verwenden, das es fertig zu kaufen gibt.

Edles in Serviettentechnik

Aus einem einfarbigen Stoff, einem passenden Garnrest und einer hübsch gemusterten Papierserviette wird wie im Handumdrehen ein schöner Küchenschmuck.

MATERIAL FÜR 2 LAPPEN

- Serviette mit Lavendelmotiv
- 25 cm hellblauer Baumwollstoff, 140 cm breit
- 25 cm Thermo-Vlies, 90 cm breit
- Rest hellgrünes Baumwollgarn
- Nähmaschine mit Nähzubehör
- Textil-Serviettenkleber
- Häkelnadel
- Spitze Stopfnadel
- Pinsel, Lineal
- Schneiderkreide

SO WIRD'S GEMACHT

1 **Pro Topflappen** schneiden Sie aus dem Vlies ein, aus dem Baumwollstoff zwei Quadrate mit je 22 x 22 cm aus. Nun schneiden Sie aus der Papierserviette grob einzelne Lavendelstiele aus, die Sie probeweise auf einem der beiden Stoffquadrate anordnen.

2 **Gefällt Ihnen die** Anordnung, entfernen Sie vorsichtig die unteren weißen Lagen der Serviette (sie sind nicht bedruckt), legen das Motiv mit der richtigen Seite nach oben auf den Stoff und streichen mit einem Pinsel dick Serviettenkleber darüber. Es sollten keine Blasen oder Falten in dem Serviettenmotiv entstehen. Serviettenkleber vollständig trocknen lassen.

3 **Legen Sie das** beklebte Stoffquadrat rechts auf rechts auf das andere Stoffquadrat und darüber das Vlies. Stecken Sie die Lagen aufeinander, und steppen Sie sie rundherum 0,5 cm aufeinander. Lassen Sie dabei einen etwa 6 cm langen Schlitz zum Wenden offen. Topflappen wenden und die Kanten bügeln, dabei die Ecken gut ausformen.

4 **Markieren Sie mit** Schneiderkreide und Lineal rund um den Topflappen eine Linie mit 0,8 cm Abstand zum Rand. Fädeln Sie das grüne Garn in die Stopfnadel, und arbeiten Sie mit etwa 0,6 cm Stichabstand den Knopflochstich. Dafür den Faden zunächst von hinten nach vorne an der Kante ausstechen.

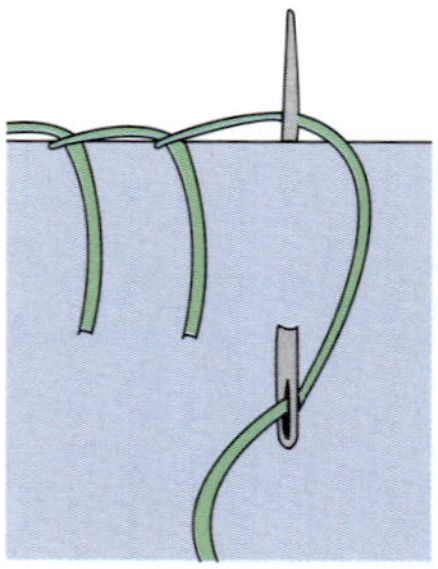

0,6 cm daneben auf der Markierungslinie die Nadel von vorne nach hinten stechen, die Nadelspitze auf der Rückseite nach oben zur Kante führen und unter der Fadenschlinge durchziehen. Den Faden dann so weit anziehen, bis sich die Fadenschlinge ohne zu ziehen um die Kante legt. Sticken Sie auf diese Weise eine Knopflochstich-Umrandung rund um den Topflappen.

5 **Nun mit der** Häkelnadel in die quer liegenden Fadenstege der Knopflochstich-Umrandung je eine feste Masche häkeln, an den Ecken drei Maschen einhäkeln. In der zweiten Runde eine Reihe Krebsmaschen in die festen Maschen arbeiten (→ Seite 8). Zum Abschluss häkeln Sie eine Schlaufe zum Aufhängen an den Rand (→ Seite 9).

Poppig im Sixties-Look

Muster und Farben der sechziger Jahre sind stark im Kommen. Holen Sie sich diesen Trend in die Küche! Die fetzigen Topflappen sind ruck, zuck aus Filz genäht.

MATERIAL FÜR 2 LAPPEN

- Je 1 Bogen grüner, blauer, orange- und pinkfarbener Bastelfilz
- Stoffkleber
- Nähmaschine und Nähzubehör
- Zickzackschere
- Schnapsglas und Kaffeetasse
- Kugelschreiber, Lineal

SO WIRD'S GEMACHT

Grün-pinkfarbener Lappen

1 **Schneiden Sie aus** grünem Filz ein 20 x 20 cm großes Quadrat, aus blauem einen 14 x 3 cm großen Streifen aus. Aus pinkfarbenem Filz ein 17 x 17 cm großes Quadrat mit der Zickzackschere schneiden.

2 **Zeichnen Sie auf** die Rückseite des pinkfarbenen Filzes die Diagonalen. Darauf in den Ecken vier Kreise mit Hilfe eines umgedrehten Schnapsglases markieren. Die Kreise mit der Zickzackschere ausschneiden. Außerdem zwei orangefarbene und ein blaues Filzquadrat mit je 2 cm mehr Seitenlänge als der Durchmesser der Kreise schneiden und unter die herausgeschnittenen Kreise kleben.

3 **Falten Sie den** blauen Streifen für den Aufhänger der Länge nach aufeinander, und steppen Sie die offenen Kanten mit dem Zickzackstich. Den Streifen dann quer falten. Kleben Sie das pinkfarbene Quadrat mittig auf das grüne, dabei an einer Ecke den Aufhänger unterschieben. Abschließend die Kreise und das rosa Quadrat mit 0,5 cm Abstand zu den Rändern im Zickzack umranden.

Orange-blauer Lappen

1 **Schneiden Sie mit** der Zackenschere ein Quadrat aus orangefarbenem Filz mit 20 x 20 cm sowie eines aus blauem Filz mit 15 x 15 cm Größe aus. Zeichnen Sie mit einer Tasse einen Kreis von etwa 8 cm Durchmesser auf grünen Filz, und schneiden Sie auch diesen mit der Zackenschere aus. Für den Aufhänger benötigen Sie einen 14 x 3 cm großen Streifen aus grünem Filz.

2 **Kleben Sie den** Kreis mittig auf das blaue Quadrat und dieses mittig auf das orangefarbene. Den Aufhänger wie links bearbeiten (→ Schritt 3) und ein Ende vorne unter die Ecke des blauen Quadrats, das andere hinter den orangefarbenen Lappen stecken. Steppen Sie nun den Kreis und das blaue Quadrat mit 1 cm Abstand im Zickzackstich auf. Dabei den Aufhänger mit fixieren.

TIPP Diese Topflappen lassen sich ganz leicht von Kindern anfertigen. Dann alle Kanten einfach mit einer normalen Schere schneiden und die Teile fest aufeinander kleben – so müssen sie nicht unbedingt genäht werden. Natürlich können Sie die einzelnen Elemente zum Schluss noch zusätzlich mit der Nähmaschine fixieren.

GAGGENAU

Filzlappen aus Rohwolle

Gut zum Ausprobieren der Filztechnik sind diese Topflappen! Mit Rohwolle, Spülmittel und heißem Wasser haben Sie in weniger als einer Stunde zwei ausgefallene Exemplare.

MATERIAL FÜR 2 LAPPEN

- Je 30 g weiße und orangefarbene Märchenwolle (Bastelladen)
- 10 g blaue Märchenwolle
- Geschirrspülmittel
- 30 x 70 cm alter Gardinentüll oder anderer dünner, durchlässiger Stoff, (auch alte Strandmatte, Sushi-Matte oder Ähnliches)

SO WIRD'S GEMACHT

1 **Zupfen Sie die** orangefarbene bzw. weiße, ungesponnene Wolle auseinander, sodass Sie gleichmäßige dünne Büschel erhalten. Ist die Wolle sehr langfaserig, sollten Sie die Fasern auf etwa 25 cm Länge kürzen.

2 **Breiten Sie den** Tüll oder die Matte am besten auf dem Abtropfgitter des Spülbeckens aus. Legen Sie nun die erste Lage Wollfasern senkrecht und parallel nebeneinander auf die eine Seite Ihrer Unterlage, sodass ein Quadrat von etwa 25 cm Kantenlänge entsteht. Nun legen Sie mit der gleichen Farbe die nächste Schicht Wollfasern im rechten Winkel über die erste, dann erneut eine dritte und vierte Schicht jeweils im Richtungswechsel.

3 **Legen Sie die** Fasern an einer Ecke so, dass eine Art Schlaufe entsteht. Ist Ihnen das zu kompliziert, fertigen Sie den Lappen ohne Schlaufe an. Als Verzierung ziehen Sie ganz feine Fäden von den andersfarbigen Wollknäueln und legen sie wie ein Spinnennetz über die vierte Lage Wolle.

4 **Bringen Sie** Wasser zum Kochen. In der Zwischenzeit reichlich Spülmittel über die Wollfläche tropfen. Schütten Sie das kochende Wasser darüber, und bedecken Sie alles mit dem überstehenden Tüll bzw. der Matte. Die Oberseite des Lappens muss vollständig bedeckt sein. Wickeln Sie, sobald Sie die Temperatur vertragen, den Tüll oder die Matte fest zur Rolle. Die Rolle kneten, drehen und klopfen (= walken). Dann aufrollen und in die andere Richtung rollen. Zwischendurch wiederholt mit heißem Wasser und gegebenenfalls Spülmittel übergießen und immer wieder walken. Nach 10 bis 20 Minuten können Sie die Rolle lösen und überprüfen, ob die Wolle schon fest genug verfilzt ist. Wenn nicht, erneut gießen und walken.

5 **Ist der Lappen** fest genug, lösen Sie den Stoff oder die Matte, und waschen Sie den Lappen so lange unter kaltem Wasser aus, bis das Spülmittel vollständig entfernt ist.

TIPP Das Ergebnis wird umso fester, je heißer das Wasser ist und je schneller die Rolle nach dem Übergießen gewalkt wird. Am besten, Sie tragen bei der Arbeit deshalb Gummihandschuhe, die die Hitze relativ gut abhalten. Je mehr Lagen Wolle Sie im rechten Winkel versetzt übereinander legen, desto dicker wird der Filz.

Strick-Duo

Wer sagt denn, dass Topflappen immer gehäkelt sein müssen? Diese beiden Exemplare beweisen das Gegenteil. Durch ihr einfaches Muster sind sie auch für Anfänger geeignet.

MATERIAL FÜR 2 LAPPEN

- Je 50 g Coat Lyric in Vanillegelb (Nr. 506) und Hellblau (Nr. 509)
- Stricknadeln Nr. 4,5
- Häkelnadel Nr. 4,5
- Dicke Stopfnadel

SO WIRD'S GEMACHT

Gelber Lappen

1 Schlagen Sie 35 Maschen plus 2 Rand-Maschen an, und stricken Sie nach dem Grundmuster (Strickschriftlegende → Blauer Lappen). Nach den 5 Reihen Perlmuster arbeiten Sie je dreimal den Rapport in der Höhe und Breite.

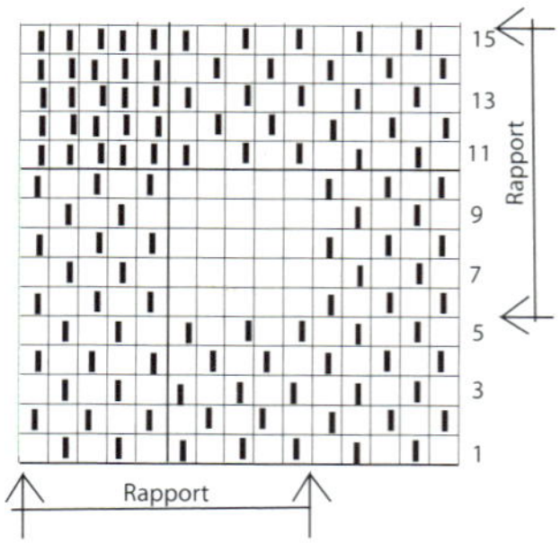

Dann erneut 5 Reihen Perlmuster stricken und abketten (→ Seite 61, Schritt 2). Abschließend mit festen Maschen umhäkeln und eine Schlinge arbeiten (→ Seite 8 und 9).

Blauer Lappen

1 Schlagen Sie 39 Maschen plus 2 Rand-Maschen an, und stricken Sie die ersten 4 Reihen nach dem Grundmuster. Danach den Rapport in der Höhe und Breite je dreimal wiederholen. Maschen abketten (→ Seite 61, Schritt 2) und den Lappen mit einer Reihe fester Maschen umhäkeln. Einen Aufhänger anhäkeln (→ Seite 8 und 9).

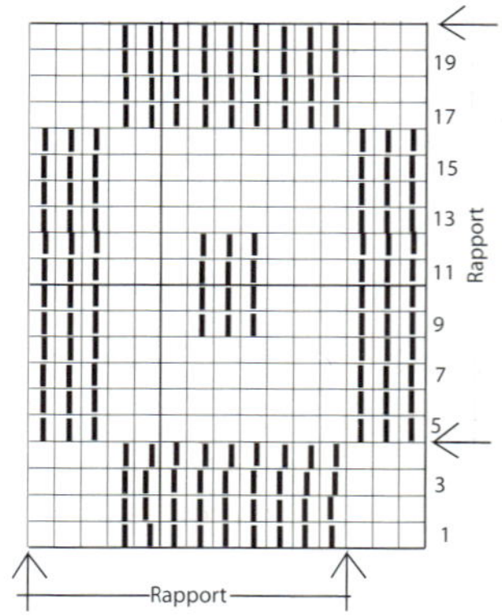

▌ = in Hinreihen linke Maschen, in Rückreihen rechte Maschen stricken

☐ = in Hinreihen rechte Maschen, in Rückreihen linke Maschen stricken

Kleine Strickschule

Maschenanschlag: Legen Sie mit ca. 40 cm Abstand zum Fadenanfang eine Doppelschlinge, dabei liegen Arbeitsfaden und Fadenanfang unten. Ziehen Sie den Arbeitsfaden mit zwei Stricknadeln durch die obere Schlinge. Die Fäden unterhalb der Nadeln anziehen.

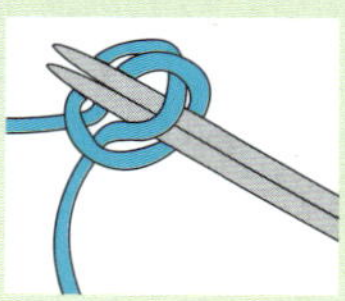

Nun den Faden mit dem Anfang von der Handmitte um den Daumen herum nach vorne in die Handfläche legen. Den Arbeitsfaden legen Sie um den Zeigefinger herum zur Handfläche. Dort beide Fäden mit dem Mittel-, Ring- und kleinen Finger fixieren.

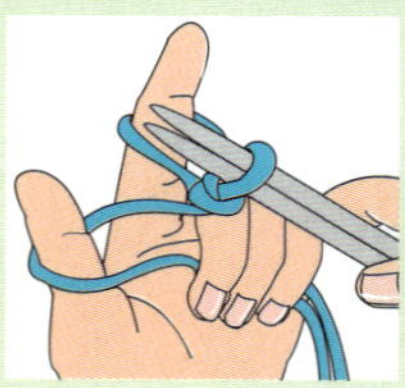

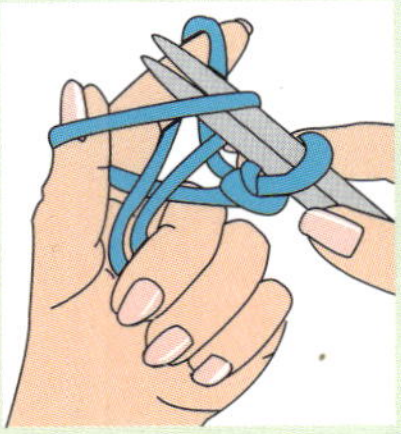

Mit der Nadelspitze unter dem Daumen durchstechen und den Faden vom Zeigefinger als Schlinge durchziehen. Die Fäden unter der zweiten Masche auf der Nadel festziehen. Alle weiteren Maschen so anschlagen, zum Schluss eine Nadel herausziehen.

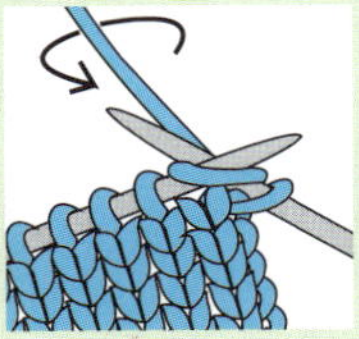

Rechte Maschen: Stechen Sie mit der rechten Nadel von links nach rechts in das vordere Maschenglied, ziehen Sie den Arbeitsfaden mit der Nadel durch und lassen Sie die Masche von der Nadel gleiten.

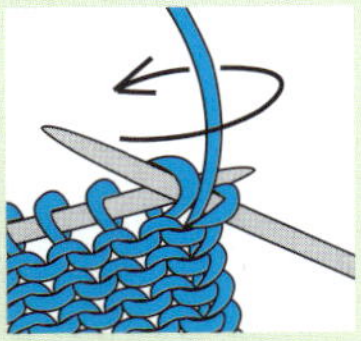

Linke Maschen: Legen Sie den Arbeitsfaden vor das Maschenglied auf der linken Nadel. Dann mit der rechten Nadel von rechts nach links in das Maschenglied auf der linken Nadel stechen. Führen Sie die rechte Nadelspitze von vorn nach hinten um den Arbeitsfaden, und ziehen Sie ihn durch das Maschenglied. Dann können Sie die Masche von der linken Nadel gleiten lassen.

Zopf im Landhaus-Stil

Dieser gestrickte Topflappen ist kein alter Zopf, sondern eine trendy Idee, die hervorragend zum aktuellen Landhaus-Stil passt.

MATERIAL FÜR 1 LAPPEN

- 50 g Coats Lyric in Naturweiß (Nr. 502)
- Stricknadeln Nr. 4,5
- Häkelnadel Nr. 4,5
- Zopf- oder Hilfsnadel
- Dicke Stopfnadel

SO WIRD'S GEMACHT

1 Schlagen Sie 35 Maschen plus 2 Rand-Maschen mit doppelter Nadel an, und stricken Sie die Maschen nach dem Rapport der Strickschrift zweimal in der Breite und Höhe ein (→ Strickschule Seite 58). Beim Maschenverkreuzen legen Sie die entsprechende Anzahl

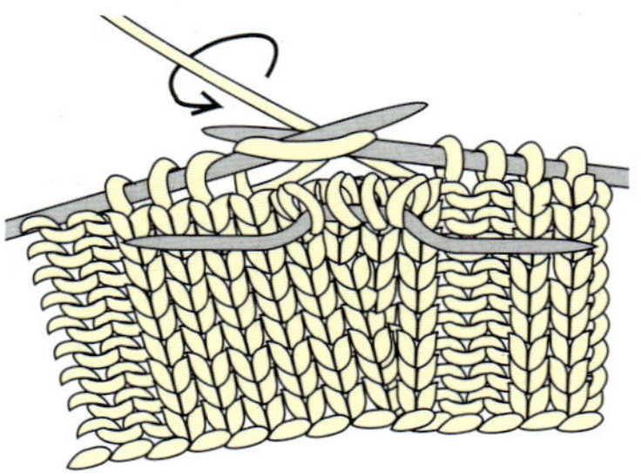

Maschen auf die Hilfsnadel vor bzw. hinter die Arbeit, stricken die nächsten Maschen in der genannten Anzahl rechts oder links, schieben dann die Maschen der Hilfsnadel wieder auf die linke Nadel und stricken diese rechts oder links ab.

2 Ketten Sie die Maschen ab. Dafür stricken Sie zwei Maschen rechts. Dann mit der linken Stricknadel von links nach rechts in das erste Maschenglied stechen und mit der rechten Nadel die zweite Masche durch die erste ziehen. Die erste Masche dabei von der Nadel gleiten lassen. Die nächste Masche rechts stricken und wie vorher die dritte Masche auf der rechten

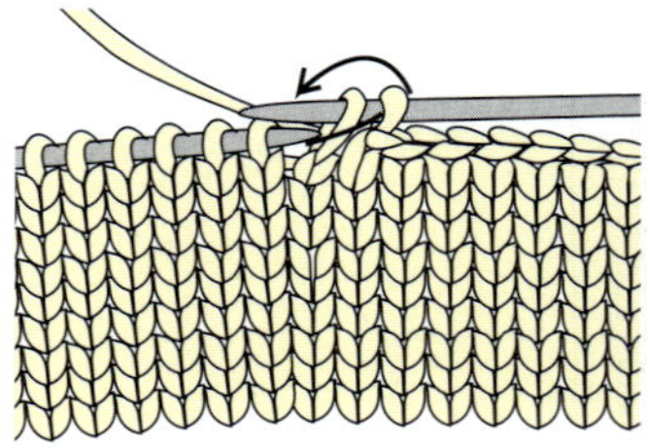

Nadel durch die zweite Masche auf der rechten Nadel ziehen. Immer so weitermachen, bis keine Maschen mehr auf der linken Nadel sind. Bei der letzten Masche den Faden ca. 15 cm lang abschneiden und durchziehen.

3 Den Topflappen mit 3 Reihen festen Maschen umhäkeln, dabei immer in das hintere Maschenglied einstechen. In den Ecken jeweils 3 feste Maschen in eine Eckmasche arbeiten. Zum Abschluss eine Schlaufe zum Aufhängen anhäkeln (→ Seite 9).

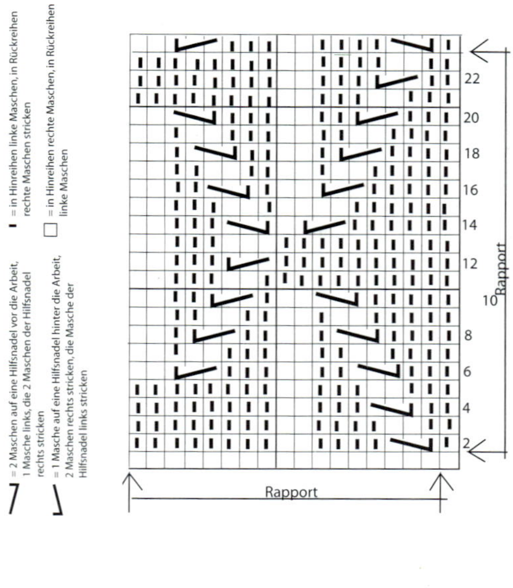

Schnelle Ideen

Passend zum Küchenhandtuch nähen Sie aus einem zweiten in einer halben Stunde einen Topflappen. Oder Sie bemalen flugs einen Topflappen mit dem Menü. Beides ist originell.

MATERIAL

Topflappen mit Menükarte
- 25 cm beigefarbener Baumwollstoff, 90 cm breit
- 25 cm Thermo-Vlies, 90 cm breit
- 1,10 m kariertes Schrägband, vorgefaltet, fertige Breite 1 cm
- Nähmaschine und Nähzubehör
- Stoffmalstift in Blau
- Fester, dünner Karton
- Stoffmalfarbe in Orange
- Cutter, Pinsel

Topflappen aus Geschirrhandtuch
- Geschirrhandtuch
- 25 cm Thermo-Vlies, 90 cm breit
- Nähmaschine und Nähzubehör

SO WIRD'S GEMACHT

Topflappen mit Menükarte

1 **Nähen und schablonieren** Sie den Topflappen gemäß der Anleitung für die Tierbordüren (→ Seite 50). Die Menüfolge gestalten Sie nach Ihrem Lieblingsessen. Sind Sie unsicher mit dem Beschriften, können Sie das Menü vorher mit einem Schneiderkreidestift aufschreiben und dann nachziehen.

TIPP Wer ungern näht, kann für die Menükarte auch einen fertigen, gekauften Topflappen in einem hellen Uniton verwenden.

Topflappen aus Geschirrhandtuch

1 **Schneiden Sie den** Topflappen entlang einer Ecke mit Zierkante aus dem Geschirrhandtuch mit 47 cm Länge und 24 cm Höhe aus. Außerdem benötigen Sie für den Aufhänger einen 14 x 3 cm langen Handtuchstreifen. Die Vlieseinlage schneiden Sie 23 x 23 cm groß zu.

TIPP Als Geschenk kaufen Sie einfach ein zweites Küchenhandtuch und verschenken Topflappen und Küchenhandtuch im Set.

2 **Bügeln Sie die** beiden offenen Schnittkanten je 1 cm auf die linke Seite. Dann die kurze Bruchkante auf die gegenüberliegende kurze Saumkante falten.

3 **Bügeln Sie die** Längskanten des Streifens für den Aufhänger jeweils 0,75 cm auf die linke Seite. Anschließend die Bruchkanten erneut aufeinander schlagen und bügeln. Jetzt können Sie die Bruchkanten schmalkantig aufeinander steppen.

4 **Legen Sie das** Vlies in den aufeinander gelegten Topflappen bis an die Bruchkante. Jetzt schieben Sie den Aufhängestreifen gefaltet unter ein Eck des Topflappens und stecken alles rundherum mit Nadeln aufeinander fest. Zum Schluss alles rundherum schmalkantig aufeinander steppen, dabei fixieren Sie den Aufhänger gleich mit.

Menü
Aperitiv
Penne mit Gorgonzola
Saltimbocca alla Romana
Polenta
Panna cotta mit
Erdbeermousse
Espresso

Über dieses Buch

Die Autorin
Heidi Grund-Thorpe ist in den Bereichen Kunsterziehung, Handwerk und Grafikdesign tätig. Als Autorin veröffentlichte sie bereits mehrere Bücher zu kreativen und gestalterischen Themen.

Die Fotografin
Inge Ofenstein arbeitet seit vielen Jahren als Fotografin für Werbung und Verlage. Ihre Fotoarbeiten wurden durch die Teilnahme bei der Expo 1998 als Mitglied der Künstlergruppe »Manna, Kunst für das Volk« ausgezeichnet.

Danksagung
Ein herzliches Dankeschön gilt Steffi und Sabine für ihr unermüdliches und kreatives Häkeln.

Bildnachweis
Alle Fotos Inge Ofenstein, München; außer: Weiss Werbefotografie, Gersthofen: 13 (Axel Weiss)

Weltbild Buchverlag
–Originalausgaben–

Steinerne Furt 67, 86167 Augsburg

Projektleitung: Almut Seikel
Redaktion: Ursula Huber
Umschlagfoto: Weiss Werbefotografie (Axel Weiss)
Umschlaggestaltung und Innenlayout:
X-Design, München
DTP/Satz: Lydia Koch, Augsburg
Reproduktion: Point of Media GmbH, Augsburg
Druck und Bindung: TYPOS-Digital Print, spol. s r.o., Podnikatelska 1160/14, CZ-320 59 Pilsen

Gedruckt auf chlorfrei gebleichtem Papier

Printed in Czech Republic

ISBN 3-89897-234-8

Stichwortverzeichnis